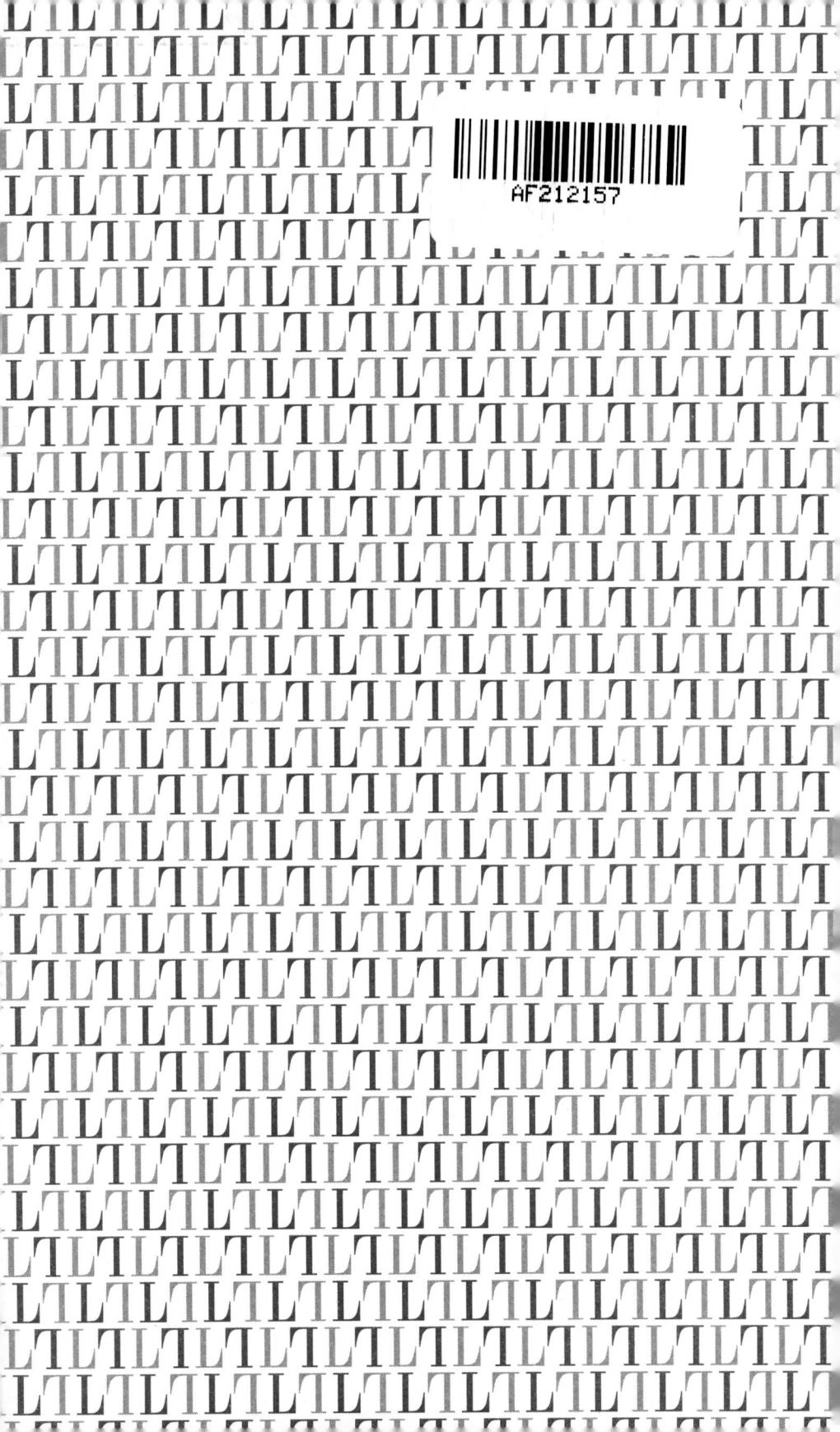

AF212157

Un Aladino y dos lámparas

Un Aladino y dos lámparas

Jeanette Winterson

Traducción del inglés de
Laura Martín de Dios

Lumen
narrativa

Papel certificado por el Forest Stewardship Council®

MIXTO
Papel | Apoyando la
silvicultura responsable
FSC
www.fsc.org   FSC® C117695

Penguin
Random House
Grupo Editorial

Título original: *One Aladdin Two Lamps*

Primera edición: febrero de 2026

© Jeanette Winterson, 2025
Publicado originalmente por Jonathan Cape en 2025
© 2026, Penguin Random House Grupo Editorial, S. A. U.
Travessera de Gràcia, 47-49. 08021 Barcelona
© 2026, Laura Martín de Dios, por la traducción

Printed in Spain – Impreso en España

ISBN: 978-84-264-0919-5
Depósito legal: B-21602-2025

Compuesto en M. I. Maquetación, S. L.
Impreso en Unigraf, S. L., Móstoles (Madrid)

H409195

Para Philippa Brewster (1949-2024),
mi primera editora, amante ocasional, siempre amiga

Os estoy contando historias. Creedme.

La pasión, 1987

Inicio

Mañana. Fresca y clara.
¿Dónde estamos?
En la calle.
¿Aquí? ¿En esta ciudad?
No. En otro lugar.
¿Cuándo? ¿Ahora?
No, ahora no. Hace muchos años.
¿Qué hacemos aquí?
Vamos a ver una farsa.

Hay una serpiente de niños rodeando el teatro de principio a fin.

Son las once de la mañana. La fábrica en la que trabaja mi padre ha decidido llevar a todos los hijos de los operarios a ver un espectáculo por Navidad.

Me he puesto la trenca y unos relucientes zapatos de charol prestados. No conozco a nadie. Mi padre trabaja en otra ciudad y va en bici a la fábrica. Haga el tiempo que haga. No puede permitirse el billete de autobús. Hoy hace un frío que pela y está despejado. Tengo los pies congelados con estos zapatos.

Dentro, en el pequeño teatro, los asientos de terciopelo rojo se inclinan hacia el escenario. La moqueta es un remolino de hojas de acanto. Huele a tofe y a refresco de frutas del bosque.

Estoy sola en la parte de atrás. Llevo un sándwich en el bolsillo. El desayuno. Cómetelo.

Sobre el telón ondulado hay un medallón de yeso de la reina Victoria, que observa con desaprobación las hileras de niños revoltosos que no paran de darse empujones.

Los gritos cesan. Ninguno de nosotros ha estado antes en un teatro.

Se abre el telón.

¿Dónde estamos?

En Pekín. En una lavandería. Sábanas apiladas como bancos de nieve. De pronto, una madre enfadada asoma la cabeza por encima de una de las pilas. ¡Aladino! ¿Dónde estás? ¡Zángano, calamidad, chisgarabís sin oficio ni beneficio! ¡Siempre con la cabeza a pájaros!

Aladino está sentado con las piernas cruzadas sobre una torre de almohadas azul vivo. Está leyendo.

Aladino y la lámpara maravillosa es la pantomima favorita del Reino Unido. El cuento, originario de China, llegó con el Imperio a principios del siglo XIX a través de India y Persia junto con la fascinación por todo lo oriental. A los victorianos les encantó y lo adaptaron a sus propios valores. De la miseria a la riqueza. El niño pobre sale adelante. El esfuerzo tiene su recompensa.

Casi todos conocemos la historia de Aladino por las películas de Disney y el musical. El texto original resulta más extraño, sin duda porque la historia viajó de boca en boca antes de ser puesta por escrito y las personas tenemos tendencia a añadir y eliminar lo que nos apetece. Parece un relato del héroe, pero nada más lejos. *Aladino* es una serie de encuentros. Los resultados no están determinados. Los vaivenes y reveses de la fortuna que nos hacen aplaudir o abuchear son más que simples recursos cómicos. Re-

velan una verdad sobre las contingencias de la existencia humana, sobre la imbricación del carácter y las circunstancias. Es una
historia, y lo maravilloso de las historias es que cambian.

Diez años después, me dirigía a la biblioteca a devolver un libro.
Una colección de cuentos titulada *Noches de Arabia*.
Esa versión solo contenía las pocas historias que en Occidente
se conocen tan bien. Simbad el Marino. Aladino y la lámpara ma-
ravillosa. Alí Babá y los cuarenta ladrones. El pescador y el genio.
Yo deseaba descubrir el paradero de una lámpara mágica. O una
alfombra voladora. Cualquier cosa que me ayudara a escapar.
La vidriera de la biblioteca pública de Accrington rezaba:
CON DILIGENCIA Y PRUDENCIA SE VENCE.
Era una biblioteca Carnegie, patrocinada por el magnate es-
cocés del acero Andrew Carnegie, que en el siglo XIX emigró a
América, hizo fortuna y donó fondos para construir bibliotecas
por todo el mundo.
Así era como se suponía que tenía que ir la historia. Trabajar
duro. Prosperar.
Pero...
Soy mujer. Adoptada. Me identifico más con Aladino que con
Andrew Carnegie. Una vida entera de trabajo duro jamás me saca-
ría de allí. Estaba atrapada en una historia que no quería escuchar.

A la bibliotecaria le interesó que me interesaran los cuentos de
Oriente. Me dijo que había un texto completo de *Las mil y una
noches* en la «Sección oriental». Fue en los tiempos en que las bibliotecas normales y corrientes de ciudades normales y corrientes
contaban con una «Sección oriental».
Abrí el libro.

Las mil y una noches comienza con un final. Un final que pretende repetirse hasta que se acabe el mundo.

Hay un sultán llamado Shahriar.

El sultán descubre que, tanto su hermano como él, tienen
esposas que les han sido escandalosamente infieles. No hablamos de un flirteo a la hora de la siesta. No, hablamos de jóvenes
amantes de todo tipo, color y tamaño... y todos a la vez. El hecho de que los dos gobernantes disfrutaran de harenes cuajados
de esposas y concubinas es irrelevante. En este mundo, las mujeres pertenecen a los hombres. Y las posesiones no deben tener
vida propia.

Con el fin de vengarse, a sí mismo y al resto de varones del
mundo, el sultán Shahriar decreta que cada noche desposará a
una virgen a quien hará matar a la mañana siguiente. De esa manera, la joven no tendrá oportunidad de engañarlo. El orden se
restablece.

Como es natural, el reino empieza a quedarse sin vírgenes,
pero resulta que el consejero del sultán, el gran visir, tiene dos en
casa que hasta el momento se han librado. La mayor se llama
Shahrazad. En Occidente la conocemos como Sherezade.

Shahrazad se ofrece por voluntad propia a ser la siguiente esposa del sultán, es decir, se erige en virgen destinada al sacrificio,
y no hay amenazas ni promesas con las que su padre logre disua-
dirla.

En el momento en que el sultán lleva a Shahrazad al lecho
conyugal, antes de la consabida decapitación que tendrá lugar
por la mañana, su esposa de una noche empieza a contar una historia. El sultán queda intrigado, y dado que el relato aún no ha
concluido cuando rompe el alba, a Shahrazad se le permite vivir
otro día, con su noche, y otro día y otra noche más, mientras

una historia da pie a la siguiente, de manera que nunca llega la hora de morir.

El origen de *Las mil y una noches* se encuentra en las historias que se contaban alrededor de una hoguera, o en el mercado, o cruzando el desierto, o al fresco del crepúsculo. Como todos los relatos que pasan de boca en boca y de mano en mano, fueron cambiando con el tiempo y añadiendo otras capas a las tramas más populares. Aparecieron personajes nuevos. Algunos tardíos, como Aladino y Alí Babá, consiguieron sus miniseries dentro del conjunto.

No había prisa. Puede que transcurrieran cuatrocientos años antes de que a esos primeros cuentos que ya se conocían en India y Persia en el siglo VIII se sumaran historias posteriores del Irak del siglo IX y, más adelante aún, fábulas de Egipto y Siria, hasta que algo semejante a lo que leemos ahora fuera reunido en un único lugar, primero en árabe y luego traducido a otros idiomas, traducciones que a su vez traen consigo nuevas variantes.

Las historias se las ingenian para escabullirse. Para volver a entrelazarse. Para desafiar el orden.

La caótica exuberancia de estos relatos, que adoptan el carácter del lugar en el que aterrizan, que se abren paso a través de la geografía y la historia, que son capaces de movilizar culturas y costumbres distintas para extender su alcance, que se las ingenian para arraigar allí donde se los recibe antes de proseguir su camino, es algo emblemático de la propia humanidad. Ninguna otra especie es capaz de adaptarse así al entorno, cualquiera que sea este. Cálido o gélido. Yermo o fértil. Marítimo o terrestre. Esa es la historia del éxito humano. Múltiple. Expansiva. Ingente. Inventiva. Incesante.

Alf layla wa-layla. Las mil y una noches es un bazar abarrotado de dichas historias: morales e inmorales, a ratos sanguinarias y a ratos indulgentes, obscenas o piadosas, abiertas a la magia que impregna la vida cotidiana, sabedoras, sin necesidad de explicación, de que el mundo visible de los seres humanos solo es una fracción de un mundo más amplio y en gran medida invisible. Un mundo en el que las diferentes formas de vida que habitan los distintos planos chocan con el empeño humano, para bien y para mal.

La expectativa de vida es fundamental para las historias, al igual que para el narrador.

Los seres no biológicos no están sujetos al tiempo como lo estamos los mortales, ellos pueden vivir más, incluso para siempre. El desajuste entre la experiencia humana y la no humana de dicha dimensión forma parte de la comedia y, en ocasiones, de la tragedia de estas historias, tanto más cuanto que quien las relata es una mujer cuya vida depende de un reloj de arena.

Su única esperanza es cuestionar la invariabilidad del tiempo.

Cada noche, Shahrazad gana un día más. Se libera de su Señor del Tiempo librando una batalla contra el tiempo mismo.

Y sale victoriosa. La noche que le concede el sultán se convierte en mil más. Y en adelante, en un futuro cuyos tiempos escapan al conteo.

Shahrazad vence porque sabe que los comienzos, los puntos medios y los finales solo tienen utilidad cuando nos ceñimos a un tiempo cronológico: el vuelo asaetado del día o las marcas que delimitan el mes. El tiempo interior, donde habita nuestra mente, donde fantaseamos y creamos, donde juegan los niños, no está sujeto a imperativos cronológicos.

En reconocimiento de ello, los relatos humanos siempre han comprimido y expandido el tiempo: son tan capaces de encajar una vida entera en un solo día como de desovillar un único día en hilos que se convierten en un instrumento... aunque no de medición sino de música.

Podemos empezar por el final. O por el medio. Podemos disfrutar de varios comienzos... y ver qué ocurre.

La historia se desarrolla en el tiempo, igual que nosotros, pero no en el tiempo tal y como solemos experimentarlo. En cuestión de pocas horas podemos vivir muchas vidas. Y lo que es más importante, la libertad frente a ese tiempo diario que nos ofrecen las historias nos señala la extraña realidad de nuestra naturaleza híbrida:

Somos mortales, pero debemos vivir como si no lo fuéramos.

El don de Shahrazad reside en saber que, si bien su problema acuciante se halla en el tiempo cronológico —por la mañana morirá—, la solución se encuentra más allá de los límites del tiempo convencional.

Su método consiste en desmontar la locura cronométrica del sultán y sustituirla por la cordura de una historia. Una historia donde un año puede transcurrir en dos segundos y en la que no es necesario que nos preocupemos por una vida, pues disponemos de muchas más.

Shahrazad rechaza la emergencia del presente, el drama forzado de un hombre poderoso, y extiende el tiempo como si desenrollara una alfombra mágica. Una vía de escape. No se tumba llorosa en el diván mientras cuenta los minutos que faltan para su muerte, sino que invita al sultán a acompañarla en un viaje, sin prisas, a un lugar más interesante.

¿Adónde vamos?

Al desierto, a conocer a un hombre que se halla metido en un lío del que no tiene la culpa.

Es posible abrir lo que está cerrado. Eludir lo que parece inevitable. Estirar lo que está encogido. Contestar un relato con otro.

Volviendo de la biblioteca, con una ciudad abajo y una colina en lo alto, una ciudad que, para el caso, podría haber sido una fortaleza amurallada rodeada por un foso custodiado por cocodrilos, tenía el corazón alegre. Había encontrado mi lámpara mágica y mi alfombra voladora.

Digámoslo así.

Puedo cambiar la historia porque la historia soy yo.

La historia

Un mercader se sienta a almorzar.

Día caluroso. Viaje largo. Oasis apacible. Camellos tranquilos. Apoya la espalda y se relaja.

La berenjena está deliciosa. El pan sacia el hambre. Agua fría para la lengua y los pies. Y su mujer le ha metido en la bolsa sus dátiles favoritos.

El mercader sueña con un tiempo distinto del suyo. No con el aquí y ahora. Con otro lugar. Un lugar donde la vida fuese más sencilla. De momento, por ahora, dormirá hasta que el sol afloje un poco. Después volverá a emprender el camino. Debe seguir adelante. Ese día, al siguiente y al otro. La vida es así.

El mercader se levanta, se estira, termina el último y delicioso dátil y lanza el hueso.

Y el hueso alcanza a un ser invisible que en ese instante pasa por allí. El misil del fruto desecado deja seco al ser. El mercader no es consciente de lo ocurrido. Él se limita a almorzar y soñar despierto.

¿Qué es esa nube de polvo en el horizonte? ¿Por qué viene hacia aquí?

El mercader se echa al suelo detrás de sus camellos y se cubre la cabeza con un saco.

Es inútil.

La nube se solidifica. ¿Es un yinn? ¿Una yinnia?

El hombre levanta ligeramente el saco para echar un vistazo. Tiembla. Su sudor huele peor que el estiércol de camello.

Un ifrit aparece ante él y lo fulmina con la mirada por encima de las jorobas de los camellos. El mercader está en un buen aprieto. Con los yinns puede razonarse. Algunos son cordiales. O curiosos como gatos. Bajan a la tierra de un salto para ver qué está pasando. Pero los ifrits son más grandes, más aviesos y enojadizos, tienen alas, y aunque también viven en el aire, la indignación es su elemento natural.

Ese ifrit no es distinto de los demás. Indignado, se golpea el pecho, da patadas en el suelo y exige una vida a cambio de otra. El mercader se defiende diciendo que ha sido un accidente: ¿cómo va a intentar nadie matar, o salvar, a un ser que no es posible ver?

En cuanto a las propiedades letales de los huesos de dátil, ¿quién iba a saber eso?

Sus protestas no sirven de nada.

El ifrit ruge como un tigre.

Quizá el hombre no tenga la culpa, o no del todo, pero aun así debe pagar por lo que ha hecho. Una vida a cambio de otra. Las reglas son las reglas.

Ninguna súplica despierta la misericordia del ifrit, que no obstante está sujeto a la ley de Alá, por lo que el mercader tiene un último deseo que el ifrit debe satisfacer.

—¡Ifrit! Concédeme un año para volver a casa y arreglar mis asuntos. Deseo saldar mis deudas, despedirme de mi compungida mujer y dejar asegurado el porvenir de mis pobres hijos.

El ifrit cruza los brazos de pierna de cordero sobre el desnudo pecho de toro.

—¡Mercader! Tu deseo será concedido, según la voluntad de Alá. Regresarás a este lugar dentro de un año y un día para entregar tu vida.

El hombre empieza a cargar sus camellos. El ifrit gira sobre sí mismo hasta convertirse en una nube de polvo ufano. Ya no está.

El mercader sabe que no hay escapatoria.

¿Quién escapa a su destino?

Puedo cambiar la historia. La historia soy yo misma

Así empieza el primer relato que Shahrazad le cuenta al sultán. Al final resulta ser una historia acerca de un hombre a quien una historia salva la vida.

¿Debería sorprendernos?

Pensemos en cuántas vidas están a merced del relato «incorrecto».

Soy pobre. Soy mujer. Soy queer. *No soy blanco. Soy feo. Soy tímido. Soy hijo único. Soy madre soltera. No tengo estudios. No tengo salud. No tengo trabajo. Vivo a la sombra de mi hermano. Mi madre nunca me ha querido. Mi padre abusaba de mí. Soy inmigrante. Soy... ¿qué?*

Nuestras circunstancias nos constriñen con fuerza. Existe una narrativa que empieza antes de que hayamos nacido. ¿Tu padre es rico? ¿Tu madre es guapa? ¿Tendrás que preocuparte por ganarte la vida?

Para los afortunados, tal vez exista la historia «correcta». Padres cariñosos, hogar estable, buen colegio, oportunidades, amigos. Luego, más tarde, dinero e independencia. Una vida repleta de posibilidades.

Pero ¿y si no somos tan afortunados?

Antes de tener una voz propia, nuestras circunstancias crean a la persona dueña de esa voz. Otros escriben nuestras frases. El mundo empieza a darnos forma, a modelar nuestras mentes en desarrollo.

¿Quién soy? ¿Qué soy?

Yo diría que la mayoría de nosotros somos conscientes de la importancia del entorno y de la educación que recibimos. La situación en la que nos encontramos, y con quién —nuestro micromundo—... ese es el mundo que empieza a activar y a conectar las neuronas en el cerebro del bebé. Y más allá de los brazos que nos sostienen (o no) y de los padres que nos alimentan está el efecto del macromundo. ¿Hay una guerra en curso? ¿Caen bombas? ¿Se ha declarado una hambruna? ¿Estamos con nuestra madre esperando el camión de la ayuda humanitaria? ¿Vivimos en una dictadura o en una democracia? ¿Nuestra familia se siente segura?

La historia que adquirimos es una lotería: no podemos elegir a nuestros padres. No podemos elegir el mundo en el que nacemos.

La historia que heredamos parece incluso más rígida e inmutable. Puedes huir de tu familia y de tu país, tal vez incluso de una guerra, pero no de tu ADN.

¿Es eso cierto?

Algunas personas son más altas, más agraciadas o más fuertes que otras por naturaleza. Algunas parecen tener un talento innato o cierta inclinación hacia una actividad o un deporte mucho antes de que nadie se los enseñe. ¿Eres el típico caso «de tal palo, tal astilla»? ¿Naciste así? Mi madre, la señora Winterson, tenía su propia versión deprimente del asunto: puesto que soy adoptada, de ningún modo se la podía culpar de mi mal resultado: «De casta le viene al galgo».

Desde *El origen de las especies* (1859) de Charles Darwin, seguido de cerca por las reflexiones de su primo Francis Galton en *El genio hereditario* (1869), el atractivo de las características innatas e ingénitas ha arrastrado a muchos fanáticos... y al fatalismo.

Charles Darwin era un científico con un cerebro privilegiado. También un patriarca victoriano. Pensaba que las mujeres eran física y mentalmente «inferiores» a los hombres, y si bien estaba en contra del esclavismo por cuestiones morales y sabía que la «raza» era más un constructo social que una realidad biológica, en *El origen del hombre* (1871) señaló que «casi con toda seguridad las razas civilizadas eliminarían y sustituirían a las razas salvajes».

Es un ejemplo del Darwin de la ciencia, del biólogo de campo que se basa en pruebas, frente al Darwin del relato. Sus descubrimientos se cimentan en sólidos fundamentos científicos. Sabía que el creacionismo era un relato que debía reescribirse, pero nunca entendió que los tópicos sobre el Imperio británico que la publicación juvenil *Boy's Own* solía ensalzar eran invenciones que se hacían pasar por hechos.

Francis Galton usó las evidencias científicas de Darwin para sustentar su relato carente de rigor científico. Galton acuñó el término «eugenesia».

Significa «buenos genes».

Galton abogaba por la esterilización y sucesiva eliminación de los «indeseables», además del equivalente a un programa de cría para seres humanos. Lo único que haríamos sería acelerar el lento proceso de cribado de la naturaleza. Deshacernos de los débiles. Promocionar a los fuertes. Sabemos adónde conducen esas visiones; los nazis eran tan entusiastas de las cámaras de gas como de una raza aria pura y superior.

El filósofo Herbert Spencer no dudó en respaldar a Galton. Sin encomendarse a nadie, Spencer decidió resumir *El origen de las especies* como «la supervivencia del más apto». Era parte de lo que decía Darwin, quien acabó incluyendo la famosa frase en la quinta reimpresión. El problema radica en que, al convertir una teoría compleja en un titular sensacionalista, este pasó pronto a ser, y lo sigue siendo hasta hoy, un eslogan con tintes científicos de consumo rápido con el que justificar la opresión que se te antoje: el racismo, el sexismo, el esclavismo, el sistema de clases...

Aquellos que temían que la evolución fuera una afrenta al creacionismo vieron sus preocupaciones acalladas por personas como Galton y Spencer, quienes sostenían que los dos sistemas se alineaban.

El rico en su castillo,
el pobre a su puerta,
Dios los hizo notables o humildes
y a cada uno puso en su sitio.

Así reza uno de los himnos anglicanos más célebres de 1848, «All Things Bright and Beautiful». Los niños pobres lo aprendían de memoria en catequesis. Ciento veinte años después, yo era uno de esos niños pobres y continuaba cantándolo de memoria.

La supervivencia del más apto —la selección natural— es una versión secular del pueblo elegido de Dios. Los mejores ascienden a la cima «de manera natural», a través de lo que a los biólogos del siglo XIX les encantaba llamar «la lucha por la existencia».

Sin duda, la vida humanoide ha tenido que luchar por su supervivencia durante los más de trescientos mil años que llevamos en este planeta. Depredadores, inclemencias del tiempo, escasez de alimentos, enfermedades. Terror psicológico. Los neandertales. Aun así, valdría la pena calcular cuánto de esa «lucha», desde el inicio de lo que llamamos civilización, hace apenas unos seis mil años, es resultado de nuestras propias acciones.

Los seres humanos (diría que los varones, aunque estaría abierta al debate) son adictos a la guerra, por inútil y ruinosa que esta sea. Según parece, somos incapaces de abstenernos de declararle la guerra a nuestro único y verdadero hogar: este planeta.

Hemos aprendido a dominar en cierta medida las fuerzas de la naturaleza, pero no conseguimos dominarnos a nosotros mismos.

Galton, Spencer y los partidarios de la supervivencia del más apto como doctrina social eran sinceros en su deseo de obtener una raza mejor y más fuerte.

Estaban convencidos de que la eugenesia acabaría con la pobreza y la miseria y crearía ciudadanos vigorosos y productivos. Rechazaban las soluciones socialdemócratas de la Revolución francesa (1789), con su libertad, igualdad y fraternidad, y abominaban especialmente de las teorías de Jean-Jacques Rousseau, cuyo ensayo *Discurso sobre el origen y los fundamentos de la desigualdad entre los hombres* (1754), que había presentado a un concurso, se convirtió en el texto central que alentó la revolución.

El paleontólogo Thomas Huxley, joven amigo de Darwin, escribió sobre Rousseau: «La doctrina de que todos los hombres son [...] libres e iguales es una ficción que carece por completo de fundamento».

Curiosamente, el nieto de Huxley, Aldous, escribió *Un mundo feliz* (1932), una novela donde se nos muestra un futuro en el que la socialdemocracia ha fracasado y la ingeniería genética ha ganado el debate. En esa utopía, la igualdad y la libertad no existen; las jerarquías de ocio y trabajo están predeterminadas, pero los individuos se reproducen en cadena para ser felices.

Un año después de la publicación de *Un mundo feliz*, Adolf Hitler se convirtió en canciller de Alemania. Las teorías de la superioridad racial y la limpieza étnica encontraron a un defensor de la causa inhumano.

Esas teorías totalmente carentes de fundamento están viviendo un resurgimiento en todo el mundo a medida que nos adentramos en el segundo cuarto del siglo XXI.

Por descontado, nunca desaparecieron por completo, aunque el fascismo logró volverlas repulsivas. Después de 1945, las jerarquías «naturales» sociales, raciales y esencialistas de género que dominaban nuestro pasado han sido progresivamente cuestionadas. Desde entonces, el mundo que se ha abierto fue para muchos —para las mujeres, para la clase trabajadora, para las personas de color— un mundo más justo.

He escrito «fue» y no «es» porque gran parte de Occidente se encuentra ahora en una encrucijada existencial.

La extrema derecha no oculta sus deseos —y lo que considera que es su mandato popular— de devolver la sociedad a lo que describe como valores tradicionales. Nacionalismo. Fronteras duras. Fe. Familia. Bandera. Roles de género que se ajustan a las expectativas prefeministas.

Las personas de derechas, tanto mujeres como hombres, lamentan lo que el feminismo le ha hecho a la familia. Lo que demasiadas mujeres con grados universitarios puedan hacerle al ego masculino. Lo que demasiados inmigrantes puedan hacerle al país (que sea). Lo que pueda ocurrirles a los niños si son drag queens o personas trans quienes les cuentan cuentos. A menudo se limitan a dejar la sospecha en el aire, para que cualquiera que se sienta amenazado por el progreso pueda imaginar su propia película de terror.

Nada de todo esto importaría demasiado si no viviéramos en la era amplificada de internet, donde millones de seguidores coinciden en ideas putrefactas, como moscas sobre un cadáver.

Un clic mientras almuerzas un sándwich te llevará a la primera cámara de eco transnacional de agraviados justicieros de sillón que seduzca tu lado oscuro.

Preceptos científicos que se daban por muertos y enterrados de pronto están vivitos y coleando.

¿El CI tiene una base racial? ¿Es genético? El que nace tonto muere tonto. ¿Los hombres son superiores a las mujeres «por naturaleza»? ¿Los hombres blancos son mejores que los hombres negros en cuanto a responsabilidad y liderazgo? ¿Los Estados Unidos están siendo inundados de «malos genes»? Ya no hace falta buscar una emisora de radio polémica en horario nocturno. Este tipo de cosas están por todas partes.

La cuestión racial es el cóctel molotov, pero el matonismo de extrema derecha amenaza a todas las políticas progresistas. En mi opinión, lo que ocurre con los derechos de las mujeres —aborto, empleo, igualdad, independencia y roles de género— es especialmente preocupante. No se trata de una cuestión que afecte a una minoría. Las mujeres constituyen más de la mitad de la población mundial.

Parece que a la derecha radical le molesta la igualdad. En Estados Unidos, en estos momentos se legisla en contra de las contrataciones basadas en criterios de diversidad, igualdad e inclusión, con vistas a forzar un cumplimiento similar por parte de las empresas europeas que comercien con el país.

Quienes se oponen a la igualdad de raza, clase y género han vuelto para hablar abiertamente sobre lo que afirman que son jerarquías «naturales», ya sean otorgadas o inspiradas por Dios o genéticas.

¿Dónde —preguntan en internet o en sus programas de entrevistas— está la evidencia histórica de la igualdad intelectual cuando las «razas» no blancas, o las mujeres, apenas han contribuido, aparte del trabajo útil, a la literatura, la filosofía, la ciencia, la invención, la política o el arte? La civilización es blanca. Es griega. Romana. Europea. Es masculina. Las mujeres pueden participar, pero el juego, y las normas, pertenecen a los hombres. Y eso se debe a que, en la vida real, algunas personas (históricamente, los hombres blancos del norte de Europa) están mejor dotadas para la tarea.

Puede que no sea woke, reconocen, pero es la verdad.

¿Es verdad?

La visión colonialista occidental de unos salvajes ignorantes civilizados por el hombre blanco no se sostiene. O al menos no se sostiene si se prefieren los hechos a las ficciones autocomplacientes.

Todas las personas vivas pueden rastrear su ascendencia genética hasta África, continente del que procedemos los seres humanos modernos. Por eso compartimos el 99,9 por ciento de nuestro ADN. En ese caso, ¿por qué somos tan distintos unos de otros, tanto cultural como religiosamente? La respuesta se halla en lo adquirido, no en lo innato. El lugar, la sociedad y la familia en los que nacemos son los responsables de esa diferencia. No el 0,1 por ciento distinto de ADN.

África. La madre de todos nosotros.

Lejos de ser el «continente negro», como lo llamaron los británicos, África, en su inmensidad y abundancia, desarrolló sus propias culturas, reinos, sistemas políticos y rutas comerciales sin intervención ni aportación occidentales. En muchas partes de ese vasto continente sus habitantes se decantaron por una gobernanza descentralizada, una elección progresista que las sociedades occidentales por fin están redescubriendo para sí mismas. Junto a ese tipo de gobierno, en Etiopía (cristiana) y Mali (musulmán) se gestaron extensos imperios de carácter jerárquico como los que prevalecen en Occidente.

Fundado a mediados del siglo XIII, el de Mali se convirtió en uno de los mayores imperios del mundo durante más de trescientos años; multiétnico, multilingüe, con el islam como religión dominante, cerca de cincuenta millones de súbditos y un territorio de una extensión superior a Europa occidental. Entre sus centros de conocimiento se encontraba Tombuctú, donde astrónomos, ingenieros y arquitectos erigían edificios asombrosos, a menudo alineados cósmicamente, como la gran mezquita de Djingareyber, un edificio de tierra acabado alrededor de 1325 y declarado Patrimonio de la Humanidad por la Unesco.

(Curiosidad: la catedral de Notre Dame de París se terminó de construir en 1345 y también es Patrimonio de la Humanidad).

Por entonces, la Universidad de Sankore funcionaba a pleno rendimiento y disponía de la biblioteca más grande de África, con casi un millón de manuscritos. Los portugueses, los primeros que la visitaron a principios del siglo XVI, han dejado amplios testimonios acerca de la sociedad culta y civilizada del imperio malí. Y de sus reservas de oro.

Todos los imperios caen y el de Mali no fue distinto, pero la historia de África occidental no es una historia de ignorantes vestidos con taparrabos que esperan poder trabajar en las plantaciones de tabaco y caña de azúcar del hombre blanco.

Asimismo, la magnitud del fenómeno de la esclavitud merece que nos detengamos un momento. Entre los años 1500 y 1866, la

Trans-Atlantic Slave Trade Database calcula que doce millones y medio de africanos fueron arrancados de sus hogares. Eso son muchas personas incapaces de contribuir a nada más que a cosechar.

Aun así, cuando los norteafricanos colonizaron la península ibérica a principios del siglo VIII y fundaron la gran ciudad de Córdoba, importaron el saber y la cultura del mundo antiguo a través de las traducciones árabes —medicina, química, filosofía, astronomía— y llevaron consigo el conocimiento práctico aprendido en Egipto, como las cerraduras de tambor o sistemas de riego que eran verdaderas proezas de la ingeniería, en particular una serie de canales y cuencas de más de tres mil kilómetros diseñados para llevar agua desde Sierra Nevada a fincas, pueblos y ciudades. Un sistema que continúa en uso en la actualidad y es todo un modelo de agricultura sostenible.

En Occidente, a casi todos se nos enseña que hemos de agradecerles las matemáticas a los griegos, pasando por alto los sistemas egipcios y sumerios, pero también el hecho de que fueron los hindúes quienes introdujeron el cero como un número y un concepto matemáticos. Los griegos operaban del 1 al 9.

India inventó el sistema decimal. Lo que seguimos llamando números arábigos corresponde al sistema matemático simplificado que adoptaron los árabes del norte de África, a través de India, y que luego introdujeron en España.

La verdadera historia del mundo, de sus pueblos, sus culturas, su arte y sus inventos es mucho más rica y fascinante de lo que permite el excepcionalismo blanco.

Desde China, no solo la pólvora, la porcelana y la seda transformaron la economía mundial y abrieron las famosas rutas de la seda que enlazaban el comercio de toda índole entre Oriente y Occidente; también lo hicieron la brújula, el reloj mecánico y el primer tipo móvil, mucho antes de que Europa entrara en juego. Y a propósito de juegos, tanto el de serpientes y escaleras como el ajedrez se originaron en India, mientras que el mahjong y el go proceden de China. Debemos agradecer al go que haya brindado a los ingenieros informáticos una plataforma para desarrollar AlphaGo, el programa creado por Google DeepMind.

Podría seguir... y seguir... y no tardaríamos en hallarnos inmersos en la colonización y esclavización occidentales, en las guerras del opio, el chovinismo imperialista, la imposición religiosa, la carga del hombre blanco, las ficciones necesarias con las que la gente convive para poder dormir por las noches.

En 2002, Boris Johnson, un periodista al que nunca le había preocupado la frontera entre los hechos y la ficción (¿o debería decir entre la verdad y la mentira?) y que acabaría convirtiéndose en primer ministro británico a rebufo del Brexit, afirmaba que África era una «mancha», pero no para la conciencia británica. Sus problemas nada tenían que ver con los males del comercio de esclavos, ni con el legado colonial, ni con la deuda del FMI. No. En absoluto.

El problema de África, declaró Johnson, no era que el Reino Unido hubiera estado al mando, sino que ya no lo estuviera. Y a continuación improvisó un chascarrillo sobre los «nativos» que se dedicaban a comer plátanos en lugar de plantar tabaco, café o algodón (cuyas cosechas se pueden vender a bajo precio a los acreedores occidentales).

El tipo de relato no fundamentado en hechos en el que se apoyan las narrativas supremacistas.

Es innegable que el sistema educativo occidental recurre a relatos obsoletos a los que llama «lecciones». Los intentos de enmienda de estas narrativas desfasadas y engañosas se topan siempre con objeciones por parte de los «tradicionalistas». En Estados Unidos, muchos políticos de derechas, Donald Trump entre ellos, tacharon de antipatriótico el Proyecto 1619. Simplificándolo mucho, se trataba de una lectura distinta de la historia americana, una que situaba a los africanos esclavizados en el centro del relato.

Como sabe cualquier escritor, cuando se modifica el punto central de una historia, ese cambio de énfasis afecta de manera automática al principio y, con toda probabilidad, al final.

Pensémoslo.

Puede que el punto central de la historia no sea algo tan obvio como «qué ocurre». Podría ser la idea central, o la ideología. Del mismo modo que Darwin, en tanto que narrador, no podía concebir una manera de contar su historia sin las redes del relato que el patriarcado y el imperio lanzaban sobre su mente, todos nosotros, en mayor o menor medida, ajustamos los hechos a nuestras ficciones.

Un buen ejemplo sería *El gen egoísta* (1976) de Richard Dawkins, de enorme importancia por su reconceptualización de lo que es un gen y, por consiguiente, la vida biológica. No obstante, el título es engañoso, y el propio Dawkins lo cree, porque la historia no trata en absoluto del «egoísmo», al menos no de la manera en que habitualmente usamos y entendemos el término.

Sin embargo, la expresión no deja de resultar atractiva, pues conecta con la supervivencia del más apto de Darwin y se ajusta a la perfección al pensamiento dominante actual, que describe la historia humana como una lucha por la existencia, necesariamente y por naturaleza, violenta, despiadada, competitiva, capitalista, basada en el principio del más fuerte y el «yo primero»: Yo gano. Tú pierdes. El ganador se lo lleva todo.

Hay quien, sin haber leído el libro de Dawkins, lo malinterpreta y lo adapta a su teoría imaginaria preferida; todos somos unos cabrones egoístas, igual que nuestros genes.

Los hechos son los hechos. Continuarán siendo lo que son. Lo que cambia es el relato.

Las historias importan.

Y si deconstruir el corazón de un relato altera su inicio, pensemos de qué manera podría aplicarse a cómo entendemos el mundo.

Un ejemplo sencillo.

Cuando aprendías álgebra en el colegio, ¿empezó por explicarte la profesora que, en realidad, esa palabra es *al-yabr*, que significa reunir lo que está disperso, y que en matemáticas hace referencia a devolver el equilibrio a una ecuación?

¿Empezó por explicarte cómo se desarrolló el álgebra en el mundo árabe musulmán a partir del siglo ix?

¿Y no habría sido interesante dedicar esa clase a mirar hacia Oriente y Occidente y preguntarse cómo han entendido e interpretado los números y los símbolos las diferentes culturas, tanto de manera práctica como conceptual?

El islam prohíbe las imágenes figurativas de Alá y los profetas, de acuerdo con la creencia de que lo espiritual no puede definirse de manera literal. Una visión que encaja a la perfección en el avance matemático que supuso representar los números mediante símbolos.

Así, los niños podrían empezar a aprender álgebra, desde el primer día, como una manera de asomarse al mundo. Como un ejemplo de cómo personas distintas en lugares distintos y con prioridades distintas podrían pensar, y por consiguiente, a qué podrían dedicar sus reflexiones.

Por descontado, los niños tendrán que hincar los codos y aprender a sumar dos más dos, pero nada tiene sentido por separado, ni debería. Gran parte de lo que estudian les parece inútil y arbitrario, pero no sería así si se les mostrara su relación con la propia vida, si aprender fuera algo más que adquirir los conocimientos básicos que se necesitan para un trabajo. Un cambio que no se producirá hasta que todo aprendizaje se entienda como el estudio del pensamiento humano. Se trate de música o de matemáticas, de francés o de física, de humanidades o de ciencias y tecnología, porque incluso el hecho más básico lleva aparejada una historia. Y las historias reflejan aquello que preocupa al narrador. Ninguna es neutra ni objetiva. Lo cual no las convierte en poco fiables; son el testimonio fehaciente de las diferencias y los cambios. Es al distorsionar los hechos para ajustarlos a nuestro relato deformado cuando causamos daño, cuando cometemos una atrocidad. Cuando no nos damos cuenta, o no queremos darnos cuenta, de que los interpretamos en función de la ficción de moda del momento. Cuando defendemos que nuestro relato es El Relato.

Una vez explicada la Persia islámica, la profesora puede continuar con la evolución de la ciencia computacional, empezando por George Boole, un referente de la clase obrera sin el cual nuestros teléfonos móviles no funcionarían. No pertenecía a la clase acomodada, o privilegiada, del siglo XIX compuesta por varones con una educación financiada por sus familias. Su padre era zapatero. George aprendió álgebra por su cuenta.

Y, además, conoció a alguien muy interesante que conducirá el aula hasta el feminismo. Alguien que formaba parte de ese inmenso grupo cuyo potencial no obtenía el menor reconocimiento y cuya historia no se tenía en cuenta porque se consideraba trivial.

Las mujeres.

La colega (¡el lenguaje que hay que emplear!) matemática de George era Ada Byron, más tarde condesa de Lovelace (1815-1852).

Ada Lovelace fue la primera programadora del mundo de una máquina que no existía.

En su época, como tanto tiempo atrás y durante bastante tiempo después, la mayoría de las mujeres recibían una educación rudimentaria, en el caso de que recibieran educación. Su función era criar a los hijos y ocuparse del hogar, ser decorativas o, según su estatus social, aceptar un trabajo mal pagado o casarse con alguien que llevara el pan a casa.

Ada era culta y tenía conocimientos matemáticos, algo inaudito en la época... para una mujer. Dicha instrucción no se debía a que su familia fuera progresista, sino a que habían querido evitar que se volviera loca. Su padre era el poeta británico más famoso de todos los tiempos, Lord Byron. El hombre a quien Caroline Lamb, su amante, describió como «loco, malvado y una amistad peligrosa». Byron no quería que su hija estudiara lo que él consideraba una ocupación turbulenta con consecuencias graves para la salud mental, al menos para las mujeres. ¿De qué se trataba?

De la poesía.

Así que tuvieron que ser las matemáticas.

La historia única y personal de Ada le permitió entablar amistad con Charles Babbage, un hombre de clase alta, acaudalado, que recibió una selecta educación privada y dedicó su vida a construir una especie de máquina computadora que no acababa de ser ni una cosa ni la otra. En aquellos tiempos, los tediosos cálculos necesarios para la ingeniería, y para los viajes por mar, se hacían a mano mediante «computadores» humanos, como los llamaban. Estos computadores a menudo eran mujeres que fingían que eran sus maridos quienes hacían el trabajo.

A Ada le interesaban mucho más las posibilidades que podía ofrecer una máquina de ese tipo que la máquina en sí. En 1840, mientras la programaba mentalmente, dijo:

> *Con la palabra «operación» nos referimos a cualquier proceso que altere la relación mutua entre dos o más cosas. Esta es la definición más general, e incluiría todos los objetos del universo.*

¿Todos los objetos del universo? Eso va mucho más allá del simple cálculo numérico.

Ada estaba imaginando un futuro computacional que superaría la secuenciación numérica. El matemático Augustus De Morgan, uno de sus tutores, le dio a conocer el trabajo de George Boole, que fue quien impulsó los descubrimientos algebraicos hacia lo que hoy conocemos como lógica simbólica, la base de los circuitos informáticos digitales. Boole no obtuvo en vida el verdadero reconocimiento que merecía, y Ada no obtuvo ninguno.

¿Y si Ada y George hubieran sido elegidos para compartir el puesto de profesor lucasiano de matemáticas en Cambridge, junto con Babbage, su tenedor en aquel momento? Sin embargo, las mujeres no podían tener una cátedra. Ni prácticamente nada. Salvo hijos.

Cuando leo acerca de Ada Lovelace, una mujer única y excepcional, soy consciente de que se trataba de alguien con grandes aptitudes, pero también me pregunto cómo habrían sido los avances científicos, culturales, filosóficos y políticos si a todas las mujeres, no solo a las únicas y excepcionales, se les hubiera permitido medirse en igualdad de condiciones con los hombres.

Las mujeres de clase alta que recibían educación la recibían en casa con un tutor. No disfrutaban de la oportunidad de entablar animados debates con otros estudiantes o profesores. No se las admitía en las profesiones liberales y carecían de libertad para administrar su propio dinero (en caso de que lo tuvieran).

Hasta 1975, en el Reino Unido las mujeres no podían abrir una cuenta bancaria a su nombre ni solicitar un préstamo para su negocio o una hipoteca, salvo que las avalara un hombre.

Sí, la fecha es correcta.

En Occidente, las mujeres no pudieron votar hasta finales del siglo XIX o principios del XX. La Universidad de Cambridge no les concedió títulos hasta 1943. La Escuela de Medicina de Harvard no admitió a mujeres hasta 1945.

Ninguna habría podido hacer lo que Charles Darwin y dar la vuelta al mundo como científica independiente.

El mundo de la mujer era diminuto. Es difícil pensar a lo grande cuando tu mundo es diminuto.

Sin una comunidad de iguales, de personas interesantes que hablan de cosas interesantes, es difícil pensar siquiera.

No me sorprende que la mayoría no pudiera contribuir a la sociedad, lo sorprendente es lo mucho que las mujeres han contribuido desde que han podido cultivar sus mentes, ganar su propio dinero, votar en las elecciones y vivir de manera independiente.

¿Cuánto hace de eso? Poco más de un siglo. En realidad, en Occidente, la ley no consagró la igualdad de retribución y de derechos hasta la década de 1970. Y no debemos olvidar que, aun cuando una ley esté en vigor, las normas sociales tardan en cambiar.

Como mujer que creció en un entorno de clase obrera, siempre fui consciente de lo poco que se esperaba de mí en cuanto a logros. Mis profesores daban por sentado que, como otras chicas, yo también me dedicaría a la enseñanza o me formaría como enfermera (no como médica), o trabajaría en lo que fuera hasta que me casara.

La ambición era para otros.

No para la clase obrera. No para las mujeres de clase trabajadora.

Esto no tiene nada que ver con la genética. Ni con los atributos o las inclinaciones personales. Ni con lo que es natural. Tiene que ver con las condiciones sociales. Con la desigualdad social diseñada.

La mentira carente de rigor científico que proclama que todas las mujeres son inferiores a los hombres, que la mayoría de los hombres son inferiores a otros hombres y que las personas no blancas son inferiores a las blancas es una forma pulcra pero simplista de eludir cualquier tipo de justicia social. No se trata de la «cruda realidad», sino de mentiras.

Casos atípicos como los de Ada Lovelace y George Boole no validan la teoría de que unos cuantos individuos excepcionales lograrán abrirse camino a pesar de todo, demostrando que la movilidad social es posible si te esfuerzas mucho y tienes aptitudes (y, si eres mujer, tal vez cambiando de sexo).

El mito del talento es un recordatorio desgarrador del potencial desperdiciado de multitud de personas olvidadas e invisibles debido al color de su piel, a su género o su posición en el sistema de clases. Personas con destinos predeterminados cuyas historias, supuestamente, no deberían cambiar. Los pocos que logran abrirse paso sirven para demostrar que el sistema funciona y es justo. Da igual si el sistema lo dicta Dios o la genética.

La herencia genética es un hecho. De eso no cabe duda. Los organismos seleccionan y transmiten material genético mediante la reproducción. Es una historia real. Pero ¿es toda la historia? ¿Y es la historia de nuestras vidas?

Un gen es un segmento de ADN que proporciona instrucciones detalladas a una célula sobre cómo hacer su trabajo. Pocas enfermedades son cien por cien genéticas. Algunas que sí lo son, como la de Huntington, implican que, si tienes el gen, tienes la enfermedad. Existe un gen del cáncer de mama que aumenta las probabilidades de padecerlo en un 50 por ciento, pero solo el 7 por ciento de las mujeres con cáncer de mama son portadoras de ese gen.

En 2003, cuando el Proyecto Genoma Humano concluyó la primera fase de su estudio, se tenía la optimista convicción de que en el genoma se hallaba la respuesta a todo. Los seres humanos éramos un código y el código podía descifrarse. Los titulares de los periódicos decían que se trataba del lenguaje de la vida.

Más de veinte años después, y sin que la ciencia médica haya encontrado los genes mágicos capaces de explicarlo todo, los nuevos descubrimientos de la epigenética sugieren algo muy distinto.

El efecto de nuestras experiencias y del entorno sobre nuestra herencia genética es lo que determinará cómo se expresarán nuestros genes, que pueden activarse y desactivarse.

Los genes son historias ya escritas. Hasta aquí, cierto. Pero cuando nos fijamos mejor, descubrimos algo más. La *expresión* genética es una historia que continúa escribiéndose.

Somos obras inacabadas.

Hablar de lo innato frente a lo adquirido es simple... y simplista. En realidad, se trata de lo innato más lo adquirido. No es o lo uno o lo otro.

El estudio de la epigenética nos ha empujado a ir más allá de la mutación gradual y la selección natural. Darwin tenía razón, por supuesto que la tenía, pero lo que ocurre con las historias es que nunca lo cuentan todo ni son la única versión. El prefijo «epi-» proviene del griego y significa «sobre», «encima» o «por encima». La epigenética es el estudio de las modificaciones de la expresión de los genes que se producen constantemente sin alterar el código genético.

Lo que ahora sabemos es que la vida del exterior actúa sobre la vida interior.

Los genes responden a su entorno.

Esto puede parecer aún más fatalista; por ejemplo, las ratas madres estresadas paren crías estresadas. ¿Otro caso más, quizá, de «la culpa es de la madre»? No, no culpamos a las madres. No depende de ellas que el entorno no sea óptimo. Y aunque sus propias experiencias influirán de manera negativa en las respuestas normales al estrés de sus crías, esa respuesta puede desaprenderse. Es una respuesta epigenética, no un patrón genético.

Hay escapatoria.

Lo que empieza mal no tiene por qué acabar mal de manera inexorable, o peor aún, conducir a una interminable tragedia griega intergeneracional en la que nadie pueda escapar a su destino.

Una de las cosas que más me gustan de la ficción es que podemos escapar, y escapamos, a nuestro destino.

Una advertencia: esto no tiene por qué referirse a los personajes de la historia.

Ellos, a menudo no escapan. Leemos con creciente estupor, o frustración, cómo una fuerza inamovible parece decidir un final que nadie desea. Tengamos en cuenta que, cuando leemos, la sensación de desconcierto, injusticia, compasión o ira que nos embarga es la vía que nosotros, los lectores, utilizamos para entender algo que nos permita luchar para cambiar el mundo, o para encontrar la clave que desbloquee la aparente inmutabilidad de nuestra propia existencia.

Cuando *Madame Bovary* comenzó a publicarse en Francia en 1856, tres años antes que *El origen de las especies* de Darwin, hubo protestas contra la aparición de una nueva forma de «locura» que afectaba a las mujeres que leían la novela. «Bovarismo» se llamó a la enfermedad que padecía toda esposa de clase media que se rebelara contra su situación.

Madame Bovary no acaba bien para Madame Bovary. Para las mujeres que la leían, era una especie de mensaje en una botella: no estaban locas ni eran raras ni estaban solas. A otras mujeres, mujeres decentes de clase media, les ocurría lo mismo. Se sentían atrapadas, estaban deprimidas, tenían arriesgadas aventuras amorosas. Y se sentían así y actuaban de esa manera no porque estuvieran enfermas o fueran unas «degeneradas», no porque hubieran nacido con tara, sino por las devastadoras consecuencias personales de su situación social y doméstica.

Las historias están para transformar *lo que es* en un *¿y si...?* *¿Y si no estoy loca? ¿Y si no estuviera atrapada? ¿Y si las cosas fueran distintas? Entonces ¿qué?*

Mi madre no sabía nada de genética. Además de «De casta le viene al galgo», también le gustaba «La manzana nunca cae lejos del árbol».

Lo terminaba mezclando con la historia de Eva y la manzana en el paraíso y la manzana podrida que echa a perder todo el cesto. A través de esas ilustraciones quería dejarme claro que yo había salido mala porque mi madre biológica era «mala» (¿qué clase de mujer entrega a su hijo en adopción?). Aunque, si yo era tan mala, ¿acaso mi madre biológica no había hecho lo correcto? Nunca lo supe.

A lo largo de toda mi infancia y adolescencia, mi conducta se basó en interpretaciones biológicas y hereditarias ficticias. Y yo lo aceptaba. Mi única esperanza era la salvación.

Cuando la esperanza de que Jesús me salvara dejó de tener sentido para mí desde un punto de vista racional, traté de encontrar amantes que me salvaran emocionalmente. Y también trabajé de manera denodada para salvar a otros. Mi relato de base es desastre/rescate. Aunque también podría valer rescate/desastre.

Mis padres aseguraban que habían hecho un gran esfuerzo por salvarme. Yo les creía, aunque ahora sé que en realidad trataban de salvar su matrimonio.

En cualquier caso, el salvavidas que me lanzaron era demasiado pequeño. Se me antojaba una camisa de fuerza. Yo era discutidora y retraída, y mi madre sostenía que la habían engañado. «El demonio nos llevó a la cuna equivocada».

He logrado muchas cosas en la vida —he encontrado un trabajo que considero valioso y he hecho buenos amigos—, pero no se me dan bien las relaciones estrechas. La intimidad me produce ansiedad. Es lucha, huida, parálisis. O adulación.

He oído describir este tipo de trauma infantil como «el presente antiguo». Puede que lo malo se encuentre en el pasado, en el sentido de que ya no forma parte activa del presente, pero ¿y si la mente mantiene el dedo apretado en el botón de repetir y se cuenta a sí misma la historia de siempre porque es la que se sabe de memoria?

El fracaso de tantas intervenciones bienintencionadas, tanto a nivel personal como social, se debe a lo siguiente: si nos limitamos a trasladar a un ser humano de un lugar atroz a otro mejor, el lugar atroz lo acompaña, porque ya está impreso en su circuito interno. Desenmarañar y recomponer lo que envuelve ese lugar no es tarea sencilla. El destino no está escrito en piedra, pero habrá mucho trabajo por delante. No se trata solo de escuchar y aceptar el nuevo relato, también hay que entender el antiguo y sus motivos.

¿Se puede gestionar ese viejo relato? ¿Sanarlo incluso?

Yo creo que sí.

Creo que sí, aunque soy consciente de que me hallo lejos de estar curada por completo y de que probablemente nunca lo estaré, pero sé dónde está el daño y cómo se produjo. Ya no hay culpas, tan solo un conocimiento útil.

También están las ficciones liberadoras que me permitieron alterar mi realidad. Sin esas historias dudo que hoy estuviera viva.

¿Melodramático? Como dice Saul Bellow: «Mueren más por desamor».

El corazón se rompe cuando se pierde la esperanza.

No hay médicos que curen el desamor. Ni medicamentos. Ni operaciones. Pero sí dos remedios.

El amor es uno de ellos. Si se tiene suerte. El otro es la imaginación. Para eso no se necesita suerte. Y eso es ya una suerte...

Utilicé la literatura y el lenguaje para desarrollar y fortalecer mi mente, y fue decisivo. Aprendí a pensar. Pero pensar no basta.

La imaginación es la clave. Ver más allá del presente, con sus supuestos y limitaciones. Ver lo que ocurre a la vuelta de la esquina.

En mi caso fue la lectura. La literatura. Pero el arte en todas sus formas está ahí para ayudarnos a desarrollar nuestra capacidad imaginativa.

Es crucial.

Podemos imaginar otras vidas, incluida la nuestra. Y lo que es más importante, diría, otros desenlaces.

Lo que comprendí aquella vez por la calle, tantos años atrás, fue que podía interpretarme a mí misma como una ficción o como una realidad. La historia podía cambiar.

¿Qué va a pasar?

El mercader de nuestra primera historia ha vuelto a casa para poner sus asuntos en orden. Apura su indulto temporal. Transcurre un año. Llega un nuevo día. Si nadie puede escapar a su destino, ¿puede un mortal escapar del tiempo?

—¡No! —dice el reloj.

—¡Sí! —dice la historia.

La siguiente parte del cuento inaugura la segunda noche de Shahrazad, quien ya debería estar muerta.

Ahí viene. El mercader. Parece más viejo. Solo un año de reloj. Una eternidad cargada de arrepentimiento. Ojalá se hubiera encontrado en cualquier otro lugar. Ojalá no hubiera lanzado el hueso del dátil. Ojalá el ifrit hubiera estado de compras.

Bueno, pues aquí lo tenemos. El oasis está tal como lo dejó, la brisa de la tarde mece suavemente las palmeras. Hace fresco y la visión es hermosa. Está solo.

No. No está solo ni la escena es del todo idéntica a como la dejó. Miremos mejor. ¿Quién es ese que está apoyado en un árbol bebiendo de un odre?

Un anciano. El anciano lleva una gacela atada a una cadena de oro.

Los dos viajeros se saludan a la manera habitual, ofreciéndose el uno al otro comida y bebida.

—Toma cuanto gustes. Me encuentro a mitad de un largo viaje —dice el anciano.

—Come cuanto quieras. Yo estoy aquí para morir —dice el mercader.

El anciano parece confuso. El mercader le cuenta su historia.

Justo entonces, en el momento en que parece que la historia llega a su final, la suave brisa se convierte en un viento violento que vira a vendaval y el vendaval deviene en un tornado que doblega los árboles y cubre a los viajeros de arena. La gacela se ha tumbado.

Melodramático como siempre, el ifrit aparece para reclamar la vida del mercader.

—¡Prepárate para morir! —dice mientras desenfunda una cimitarra.

—¡Perdóname la vida! —le suplica el mercader.

—¡Perdónale, en nombre de Alá! —le ruega el anciano.

—¡Jamás! —grita el ifrit—. ¡Arrodíllate, perro, y acabemos con esto de una vez!

El mercader se arrodilla. El ifrit alza su alfanje.

En el segundo que transcurre entre el ascenso y el descenso de la hoja, entre la vida y la muerte, el anciano da un paso al frente y pregunta al ifrit si le gustaría oír un cuento maravilloso a cambio de un tercio de la sangre del mercader.

(Nota de la autora: en aquellos días se podían comprar/negociar/poseer órganos o miembros de otras personas, fluidos incluidos. Digo «aquellos días» porque en Estados Unidos hoy está en disputa a quién pertenece el vientre de las mujeres y su contenido. En cualquier caso, en nuestra historia, el trato responde a una astuta artimaña que permitirá al anciano tener voz y voto en lo que le depare al mercader).

Hay una pausa. El ifrit ha venido desde muy lejos. La decapitación se solventará en un segundo. Está aburrido.

(Nota de la autora: cuando los ifrits no están indignados, se aburren).

Muy bien. ¿Por qué no? Accede a esperar un rato y escuchar el cuento maravilloso, y si es lo bastante maravilloso, entonces sí, compartirá la sangre del mercader con el anciano.

El mercader despega la frente de la arena y la levanta con timidez. Si va a ser lo último que oiga, más vale que sea bueno.

—Preparaos para asombraros con mis palabras —dice el anciano.

Pero Shahriar tendrá que esperar, porque amanece de nuevo.

Reinicio

El primer cuento de Shahrazad, como su propia situación, narra la historia de alguien que no merece el destino que le ha tocado. No trata de un héroe ni de nadie especial, sino de una persona normal y corriente que se encuentra en el lugar equivocado en el momento equivocado. La vida es injusta, irracional, y a todas luces azarosa. La historia no ha empezado bien.

Por fortuna, una historia que empieza no se detiene de golpe. Si bien es lo que les ocurre a millones de personas en todo el mundo, que sus historias se detienen tan pronto como se inician. O antes de tener siquiera la oportunidad de desarrollarse. Los seres humanos necesitan una oportunidad para desarrollarse. Nuestras historias personales no son microficciones.

Nuestras historias tampoco son una única historia. Las *Noches* rehúyen contarlo todo de un tirón: inicio, nudo, desenlace. En lugar de eso, sus relatos se interrumpen, se evaden, desembocan intencionadamente en otros relatos. Lo que oímos, mientras entramos y salimos de las vidas de otros, tiene alguna relación con las aventuras anteriores, por muy alejadas que se encuentren. El mensaje es que la vida está conectada en su totalidad por un entramado infinito de historias en movimiento y cambio constantes. Y eso concita la esperanza.

El camino que lleva a cada historia está predeterminado. Podría decirse que genéticamente. Hay una situación. *Lo que es.*

El camino que la atraviesa y finalmente conduce a la salida es una serie múltiple, ramificada y a menudo contradictoria de *¿y si...?* que se ramifican y multiplican.

Las *Noches* no son la versión oriental del tema del héroe. Ya sabéis a qué me refiero: el carácter marca el destino, la vida es una sucesión de batallas que hay que ganar, hay una recompensa final, y todos los demás dependen del salvador que eres tú.

En las *Noches* no existe esa clase de autoengrandecimiento.

Sí, hay tipos duros y aventureros, oportunistas y embaucadores, inocentes y traidores, personajes cómicos, mendigos que consiguen palacios y princesas, e intrigantes que no obtienen nada. Pero no se trata de cuentos morales en el sentido de quién es merecedor de algo y quién no. Ni de la supervivencia del más apto. Ni del hombre de acción que salva el mundo.

Además, y esto es importante, todos los desenlaces afortunados dependen de una buena dosis de suerte.

No obstante, las *Noches*, como cualquier drama, thriller o historia de acción, sea de Oriente o de Occidente, comienzan con un estado de agitación. Lo mismo ocurre en los cuentos de hadas europeos. El rey es un negado, la reina conspira, hay un dragón, hay una hambruna, hay un idiota arrogante e irresponsable que va a perder una hija a manos de un duende... etcétera.

A partir de ahí, las *Noches* toman un camino muy distinto.

El desenlace de las historias siempre va más allá de lo que podría esperarse que sucediera. A medida que la trama se desarrolla, la historia altera su propio algoritmo. La serie de pasos no lleva a donde debería.

Lo que hayas empezado siendo en la vida —pescador pobre / rey / una joven cualquiera— no será el factor determinante que defina el resultado. Las buenas cualidades —el valor, la bondad, la paciencia— te echarán una mano, al igual que atributos personales como la astucia, la fuerza o la pericia. La paranoia, la maldad o la cobardía se interpondrán en el camino.

Sin embargo, lo que verdaderamente importa son los encuentros fortuitos con otros.

Tengo que volver a escribirlo. En mayúsculas. Es importante.

ENCUENTROS CON OTROS.

Esos «otros» pueden ser seres humanos o sobrenaturales. Da lo mismo. Los encuentros alterarán el discurrir de la narración. Sí, en el relato del héroe aparecen más personajes, claro —enemigos, amantes, compañeros, familiares—, pero el héroe continúa siendo alguien único y excepcional. El elegido. Como Neo en las películas de Matrix o Luke Skywalker en *La guerra de las galaxias*. O como James Bond, Sherlock Holmes, el Doctor Who, Jack Reacher. O cualquier película de *Misión imposible*. El resultado depende de nuestro héroe.

Y por lo general es un «él».

Las *Noches* no van de héroes. Con quién te encuentras, las circunstancias de ese encuentro, si optan por ayudarte o ponerte palos en las ruedas, por dejarse ver o ignorarte, si decides entablar conversación o pasar de largo, todo eso es lo que determinará el resultado.

Ni siquiera la propia Shahrazad, heroína por antonomasia, se presenta como una figura idealizada. Depende de todas las historias que relata, y cada una de esas historias muestra al oyente/ lector la importancia de las intervenciones de otros.

Por el contrario, Shahriar interpreta con orgullo el papel de antihéroe oscuro, el vengador de todos los hombres. Es la fuerza que decide entre la vida y la muerte.

Shahrazad se propone demostrarle —y a nosotros— que la vida no es una serie de solos, sino un conjunto coral. La vida es una red. Las historias engendran nuevas historias. No existe una gran historia única. Ni tampoco una con un puñado de tramas básicas en las que tú, el héroe, superas el peligro gracias a tus poderes especiales.

Los encuentros influyen en el resultado porque...

En las *Noches* nadie dice: «Esto no es asunto mío».

Transformación para principiantes

El anciano está sentado con las piernas cruzadas y la espalda apoyada en una palmera. El ifrit también tiene las piernas cruzadas, pero levita a un palmo de la arena para demostrar su superioridad. El mercader está tumbado de espaldas, contemplando la primera estrella.

Ahora empieza.

La gacela que veis ante vosotros, tan dócil y bonita, es mi mujer. Llevábamos casados treinta años, pero nunca me dio descendencia. Naturalmente, tomé otra esposa, con la bendición de Alá, y tuve un hijo con ella, un hijo tan bello como la luna.

Cuando mi hijo tenía quince años, tuve que viajar lejos de casa y pasar fuera un tiempo. Durante mi ausencia, mi primera mujer decidió vengarse. Había aprendido las artes mágicas en su juventud, y ni corta ni perezosa convirtió a la madre de mi hijo en una vaca enorme y a mi hijo en un ternero.

Cuando regresé de mis viajes, mi mujer me contó que mi hijo había huido tras la muerte de su madre.

Lo lloré durante muchos meses.

Llegó el día en que necesité un animal que sacrificar para las fiestas y el pastor me trajo una vaca bien cebada, pero tan pronto como saqué el cuchillo la vaca empezó a bramar y a lanzar coces; tanto fue así que decidí no sacrificarla. Y eso habría hecho, pero mi mujer intervino y dijo que era un necio. Me amenazó y se rio de mí. Así que me armé de valor. ¡Adelante! ¡Adelante! Sin embargo, fui incapaz de darle muerte. Le ordené al pastor que lo hiciera por mí. Mientras él la degollaba, la miré a los ojos. Habría jurado que la vaca me hablaba.

Mi mujer entró en casa riendo.

Fue raro. ¿Me oís? Raro. Una vez muerta, la vaca cebada solo era huesos y pellejo. Debajo de la piel no había nada. Ni carne ni sustancia.

Me arrepentí de haberle hecho caso a mi mujer, porque ahora tendría que sacrificar otro animal. Esta vez me escogieron un ternero mucho más pequeño. Cuando lo trajeron, tirando de la cuerda de la que iba sujeto, el ternero se echó al suelo y empezó a revolcarse y dar coces y a suplicar con la mirada. Mi mujer salió a la puerta secándose las manos en el mandil.

—¡Cobarde! ¡Necio! ¡Haz tu trabajo!

Para que se callara, me arremangué y alcé la hoja sobre el tembloroso ternero.

Llegados a este punto, sale el sol y Shahrazad interrumpe el relato.

Si analizamos la historia con detenimiento, descubrimos un tema recurrente en las *Noches*: el del cuestionamiento. ¿Quién tiene la culpa?

El anciano no tiene la culpa de la situación en la que se encuentra. Ignoraba que su esposa lo hubiera engañado.

Eso es innegable. Aun así, si estuviéramos sentados alrededor del fuego escuchando la historia, puede que comentáramos entre nosotros: «Bueno, tal vez no tenga la culpa, pero ¿no debería asumir cierta responsabilidad?».

Que un hombre tomara una segunda esposa no era un problema legal o cultural, sino una práctica habitual. El islam permite la poligamia masculina.

Por lo tanto, ante la ley, el hombre es inocente en ese aspecto.

Sin embargo, ¿qué ocurre si analizamos la situación desde el punto de vista de su primera esposa?

A sus cuarenta y tantos años, no debió de hacerle mucha gracia ver cómo se pavoneaba delante de ella una jovencita embarazada del hijo y heredero de la familia. Es muy probable que la señora Esposa tuviera a su sustituta en la misma consideración que al ganado, que es en lo que la chica acaba convirtiéndose. Cuántas veces habremos deseado poder convertir a alguien en una (mala) pécora o una rata o un cerdo o una víbora. Lo que más se le parezca.

En los cuentos, las transformaciones nunca son aleatorias. El humano que se convierte en animal tiene cierta afinidad con la criatura cuya forma adopta. Tal vez la encantadora joven fuera un poco bovina...

Podemos entender el punto de vista de la primera mujer. No tiene ni voz ni voto en la toma de decisiones de su marido. Ella también se encuentra en un lío del que no es responsable. El desquite de una esposa con la rival más joven y agraciada no es algo nuevo. No porque las mujeres seamos crueles y mezquinas, sino porque carecer de cualquier control sobre nuestra propia vida y ser tratadas como mercancía inservible que ha de sustituirse no saca a relucir lo mejor de nosotras.

Esta esposa, en cualquier caso, está llena de odio. No se conforma con la victoria. Quiere la pena de muerte.

Peor aún, urde un plan para que su marido sea el verdugo.

Cuando la historia se interrumpe en este punto, el oyente sabe que lo que nos ha traído hasta aquí es algo que ha ocurrido en el pasado. Lo que está en juego ahora es el futuro. Lo que pende de un hilo es la justicia. El niño-ternero no tiene absolutamente ninguna culpa. No es un héroe ni un villano, solo una persona normal y corriente atrapada en una situación desesperada. No es un animal salvaje, sino una cabeza de ganado más, como su madre fallecida. ¿Doña Esposa se dio cuenta de que, sin la necesidad de magia, las mujeres y los niños son solo ganado doméstico? Sus vidas están a merced de otros.

Shahrazad lo sabe. Shahriar ya ha asesinado a centenares de jóvenes inocentes solo porque puede.

¿Y ahora qué?

En las *Noches*, como en las leyendas artúricas y en tantos cuentos de hadas y relatos populares, las mujeres adquieren poderes mágicos para compensar su falta de poder social y político. Un tema que enlaza de manera directa con la fiebre de las brujas de los siglos XVI y XVII en Gran Bretaña, la Europa continental y los primeros asentamientos estadounidenses. Está íntimamente relacionado con el miedo masculino a la sexualidad femenina autónoma. Así es como empiezan las *Noches*.

El poder absoluto que una mujer pueda ejercer sobre un hombre siempre se describe como poder sexual. La esclavitud suprema. Que se experimenta como si de un hechizo se tratara. Brujería. El hombre pierde la cabeza. Pierde el juicio. Ya no es dueño de sí mismo, su amante lo controla. Es un perrito faldero.

O peor.

En la *Odisea*, la hechicera Circe es conocida por convertir a los hombres en bestias, de modo que cuando los marineros de Odiseo llegan a su isla, devoran su comida y se comportan como salvajes, ella los convierte en cerdos.

Recordemos: la transformación nunca es aleatoria —no vale un animal cualquiera—, sino específica.

Los hombres de Odiseo son soldados y marineros. Hombres a los que les gusta refrescarse en el abrevadero. Y cuyos modales en la mesa dejan mucho que desear.

Circe los trata como corresponde. Su castigo solo pone en evidencia sus gruñidos, eructos, flatulencias y comportamiento ebrio. «Y mantened vuestras pezuñas lejos de mis chicas», les dice.

Hacer que los marinos reaparezcan como cerdos es un acierto. El castigo perfecto en nombre de todas las mujeres con las que se han comportado como puercos por el camino.

En las guerras —de ayer y de hoy—, los hombres violan a mujeres y niñas como parte aceptada de los despojos de guerra. ¿Y cuáles son esos despojos? Ni más ni menos que las vidas de mujeres y niñas. Pero también el carácter «humano», protector y afectuoso de los hombres, porque a primera vista parece que los hombres salen impunes de sus crímenes, pero pierden por el camino lo más importante que poseen: su humanidad.

Sin embargo, mientras los hombres se transforman en seres depravados, las mujeres, tratadas como objetos, como trofeos, como trozos de carne, como despojos, han sido convertidas en contra de su voluntad.

A las mujeres se las transforma en contra de su voluntad por sistema.

La presión social para ofrecer un aspecto determinado o vestir de determinada manera puede terminar suponiendo un cambio de forma permanente. Las mujeres apoyan las plantas de los pies en el suelo, igual que los hombres. Entonces ¿por qué se espera de ellas que lleven zapatos que las obligan a caminar de puntillas? No son Barbies.

Las mujeres tienen pelo por todo el cuerpo, igual que los hombres, aunque en general en menor cantidad. Entonces ¿por qué deben mantenerlo en la cabeza, pero en ningún otro sitio? ¿Por qué se considera que las mujeres que prefieren no maquillarse lo hacen por destacar o por reafirmarse (a las mujeres no se las anima a destacar ni a reafirmarse) o simplemente porque no quieren esforzarse? ¿Es que solo son naturales cuando se disfrazan?

Se educa a los hombres para que se sientan a gusto con sus cuerpos, no porque la naturaleza haya hecho del cuerpo masculino un lugar más cómodo en el que estar, sino porque el entorno prepara a las mujeres para que se acostumbren a toda una vida de incomodidad. Pasar frío, caminar con dificultad... ¿Este pantalón me hace el culo gordo?

Las mujeres siempre son juzgadas en función de su vestimenta y su apariencia. Por los hombres, por supuesto, pero también por otras mujeres, cuya aceptación y adhesión a las normas asimétricas del patriarcado forma parte de un trabajo en equipo que da a la ficción estatus de realidad.

Mientras leemos las *Noches*, esas preguntas nos asaltan continuamente: ¿Es real? ¿O es ilusión? La respuesta correcta puede salvarte la vida.

En las *Noches*, cualquiera que posea poderes mágicos puede alterar su tamaño —más pequeño que lo pequeño, más grande que lo grande—; genios que se inflan hasta alcanzar los cien metros de alto pueden caber en tarros de mermelada.

En nuestro mundo, hay millones de mujeres que han estudiado las oscuras artes del encogimiento.

Aprendemos a hacer desaparecer todo aquello de nosotras mismas que excede lo exigido.

Pero ¿lo exigido por quién?

¿Cuántas veces hemos visto al tipo de la camiseta que no alcanza a taparle la barriga atiborrarse de pasta y vino tinto mientras su guapísima novia come ensalada? Con agua.

Antes, tu apariencia y tu forma de vivir solo le interesaban a un pequeño círculo: tu familia, tu pueblo, tus amigos. Y así como los hombres siempre han contado con la posibilidad de escapar cuando la presión social se hacía abrumadora, las mujeres no han dispuesto de ella hasta el siglo XX. Teníamos trabajos, ganábamos dinero... lográbamos independencia.

¿Qué ha ocurrido? De pronto, todos vivimos en el Hotel California. El modelo de las redes sociales. Deja la habitación cuando quieras, pero tú nunca podrás marcharte.

La presión social puede evitarse. Las redes sociales son inevitables.

No solo te siguen allá donde vayas mientras te vigilan de cerca como un investigador privado. Se meten dentro de nosotros porque nosotros estamos dentro de ellas.

Vivimos literalmente en ellas. Cada pedacito de información del yo susceptible de convertirse en dato queda registrado. Datos que forman un caparazón cada vez más duro a nuestro alrededor. No hay escapatoria. Puedes huir, pero no puedes esconderte, y si te planteas huir en serio, en el teléfono te saltará el anuncio de unas Nike con cámara de aire.

Las redes sociales nos ofrecen de manera «lúdica» las herramientas para alterar nuestra apariencia en lo que publicamos. Para ir más allá y exhibirnos ante el mundo como quienes no somos. Una transformación destinada a complacer a los demás o, como desde tiempos inmemoriales, a engañarlos de manera deliberada.

Las redes sociales se disfrazan de empoderamiento para todos. Las *Noches* nos enseñan a ver más allá de la apariencia externa. ¿Es esto lo que parece en realidad? ¿Esta persona? ¿Este palacio?

Miremos de nuevo. Averigüemos qué hay detrás de las seducciones. Desnudémoslo. Es feo. Es control coercitivo.

¿Qué dijo Simone de Beauvoir en *El segundo sexo* (1949)?

> *On ne naît pas femme: on le devient.*
> [«No se nace mujer, se llega a serlo»].

No se trata de un devenir natural. No se trata del periplo del héroe. Ni del viaje. Se trata de cómo comportarse para que el héroe pueda tener su propio periplo. A las mujeres se las disuade de descubrir su verdadero yo. Ser dueñas de sí mismas (nótense las connotaciones mágicas de la posesión) impide que otros se adueñen de ellas.

Las transformaciones que encontramos en las *Noches* no son fantasías. Son realidades psicológicas. ¿Cómo te ven los demás? ¿Cómo te ves tú? ¿Eres tú realmente?

Sin embargo, existen otro tipo de transformaciones; no las que se te imponen, sino las que tú decides.

El fenómeno es recurrente en las *Noches*. En sus cuentos, los hechiceros, los chamanes, las brujas, los mensajeros de los dioses, los propios dioses pueden alterar su forma externa.

Para los seres no biológicos, la transformación es una manifestación de su naturaleza carente de limitaciones. No son inmutables como los humanos. Pueden cambiar de apariencia a voluntad. En cierta forma, eligen.

A los seres humanos nos produce asombro e incredulidad hallarnos confinados en nuestros cuerpos. Cuerpos que envejecen y mueren. Puede que la religión se inventara para convencernos de que esa deprimente realidad es una ficción. El cuerpo no es capaz de contenernos. La religión considera nuestra forma física como algo aproximado y temporal, igual que la magia.

En el mundo moderno, los videojuegos y los entornos de realidad virtual permiten que los seres humanos constreñidos en cuerpos puedan jugar a ser alguien o algo distinto. Escoge un avatar. ¿No te gusta? Elige otro.

Si el metaverso logra trascender su burda y mediocre pretensión actual de monetizar el deseo, tal vez lleguemos a ver la creación de un espacio verdaderamente valioso donde cualquiera pueda probar a ser cualquier cosa, con la posibilidad de volver atrás, sin miedo ni necesidad de someterse a juicios externos. Podríamos tener una segunda vida, no como un mero y vano escapismo, sino como expresión de esa parte de nosotros que no logra realizarse ni encuentra satisfacción en el mundo cotidiano.

Sí, a lo mejor se convertía en un estado fascista abusivo, como gran parte de las redes sociales, pero no tiene por qué ser así.

Además, ¿no es acaso cierto que los seres humanos han deseado siempre liberarse de la inmutabilidad? Sí, porque la inmutabilidad incluye la muerte; este eres tú, único e irrepetible, y dejarás de existir. Pero también, y entrando en un terreno más filosófico, porque sentimos que estamos atrapados en un cuerpo que resulta ajeno a nuestro verdadero yo. Nos parece un completo error.

Ser o no ser quizá no sea siempre la cuestión. Tal vez la respuesta sea ser más.

Las metamorfosis de Ovidio empiezan así:

In nova fert animus mutatas dicere formas / corpora.

Según la inspirada traducción al inglés del poeta Ted Hughes, diría:

Now I am ready to tell how bodies are changed into different bodies.
[«Mi ánimo me dispone a contaros cómo los cuerpos se mudan en cuerpos distintos»].

El cuerpo no debería identificarse con el yo de manera permanente.

Soy consciente de que esto me expone a que se me acuse de dualismo cartesiano —la clásica división entre la mente y el cuerpo—; aun así, no acepto que el cuerpo sea la suma del yo. Sobre todo porque el cuerpo es algo inacabado.

Tu cuerpo, e incluso tu cerebro, se encuentra en un estado de cambio constante. Tus células se regeneran a diario. La piel y los órganos, en cuestión de semanas. El esqueleto, a lo largo de diez años. Cierto, sigues pareciendo «tú», solo que más viejo. Sin embargo, ese «tú» con el que te identificas no es un sólido. El proceso de cambio en el que se encuentra el cuerpo responde a un patrón de información. El problema es que apenas tenemos control sobre ese proceso/patrón... y por el momento carecemos de la capacidad de llevar a cabo la clase de cambios que tan bien se le dan a la magia. ¿Hartos de ser gordos y cuarentones? Cambié-moslo. Probemos a volar esta noche sobre la ciudad como si fué-ramos águilas.

En la actualidad, «caminar en el aire en contra de tu buen juicio», como decía Seamus Heaney, es algo que somos capaces de hacer con la imaginación, y eso tiene el poder de cambiarlo todo. Sin embargo, pese a lo mucho que nos gustan las historias y los dibujos animados en los que aparece alguien que puede ha-cerlo, para nosotros es físicamente imposible.

Tantas historias. Hoy soy un galgo. Mañana una bella mu-chacha. Hoy no tengo presencia corpórea. Mañana estoy a tu lado.

Esto solo es factible en los cuentos de hadas, la ciencia ficción o la poesía, pero pensemos en la sabiduría que encierran. Lo que imaginamos, lo inventamos.

Los relatos fantásticos, como las *Noches*, contienen verdades que pueden interpretarse de manera simbólica o psicológica, lo cual es valioso de por sí, pero a medida que avanzamos a mar-chas forzadas hacia un mundo impulsado por la IA, da la im-presión de que esas verdades podrían hacerse realidad. Tal vez no estemos tan constreñidos por el cuerpo, después de todo. ¿Cómo suena eso?

¿Maravilloso? ¿Aterrador?

Creo que nos adaptaremos bien a ese cambio de situación tan esperado. Llevamos ensayándolo miles de años en las historias que contamos.

Las ficciones no son fantasías, algo que hemos terminado por comprender mejor a través de la ciencia ficción, dado que gran parte de lo que empieza siendo una fantasía futurista acaba con-virtiéndose en algo cotidiano en el mundo que conocemos.

La ficción es mucho más que recortables sociorrealistas de la vida contemporánea. Es más que mera representación. La ficción expone y debate realidades interiores que poco a poco se abren paso hacia nuestras circunstancias externas. Damos alcance a nuestros sueños.

Si hay algo de lo que estamos seguros es de que todos somos más de lo que se ve a primera vista.

Nuestros muchos, múltiples y móviles yoes... la multiplicidad con la que establecemos contacto cada vez que nos sentamos en silencio y nos preguntamos quiénes somos en realidad, cuando miramos una foto y nos sorprendemos diciendo «¿ese soy yo?», cuando nos contemplamos en un espejo y vemos a otro... todos esos desasosiegos fugaces se reflejan en otro viejo motivo relacionado con la transformación, del que encontramos abundantes ejemplos en las *Noches*.

La forma real.

En muchas historias, si luchas o aguantas lo suficiente, el ente contra el que batallas irá alternando rápidamente, y a menudo con furia, entre sus múltiples formas para acabar mostrándose como es en realidad. Todos conocemos el caso de la princesa Fiona de *Shrek*: «De día, soy una, de noche, soy otra...», hasta que la libera el amor.

Lo mismo ocurre con las ranas que deberían ser príncipes y las bestias que deberían ser personas.

Se dice que los *changelings*, los niños cambiados por las hadas, tienen una forma verdadera, si logras encontrarlos.

La «forma» denota la figura o configuración física de algo.

Cómo se presenta ante los demás.

En el caso de muchos, el falso yo es la única forma de yo que se atreve a mostrarse. El único yo aceptable. Todos nos vemos obligados a interpretar un papel en alguna ocasión. Todos necesitamos una fachada para el trabajo y otra para conocer a gente nueva, o para hablar en público, un buen puñado de máscaras y disfraces que nos ayuden a llegar al final del día. Se habla de encontrar a alguien con quien poder ser nosotros mismos.

Sin embargo, esa es la cuestión: ¿uno mismo o nosotros mismos? Nuestra verdadera forma puede que diste mucho de ser una sola cosa.

Durante mi infancia y juventud, ser gay y lesbiana significó ocultar mi verdadero yo al mismo tiempo que buscaba mi yo verdadero. Esa era yo en realidad, pero no un yo aceptable para mi familia o mi iglesia. Un hecho que aún resulta más amargo cuando, de pequeños, lo que necesitamos es tiempo, espacio y aceptación para explorar nuestros distintos y a veces contradictorios yoes. Sentía que el proceso de descubrir quién era se veía forzado demasiado pronto a convertirse en una declaración de quién era.

No me refiero a que probablemente habría cambiado de opinión y me habría casado con el párroco si no me hubiera sentido empujada a definir mi sexualidad, y a mí misma, para complacer a los demás. Más bien, tardé mucho más de lo necesario en entender mi sexualidad como una respuesta, tan fluida e indefinida como el resto de mí. No experimento mi sexualidad como si se tratara de algo objetivo y demostrable, como mi altura. No creo que tenga que ver con que naciera así. Fue, y sigue siendo, una de las elecciones que, en la primera etapa de mi vida, tomé de manera inconsciente. Aun así, se me aplicaron las etiquetas más rápido de lo que mi entendimiento era capaz de arrancarlas.

La literalidad de las etiquetas es deprimente. Quería encontrar una manera imaginativa de descubrir cómo ser yo misma. Quién ser para ser yo misma. Desear a otras chicas formaba parte de ello. No era una patología. No era genético. No era elegir un estilo de vida. Era parte de mi evolución.

Por el momento, al menos en la mayor parte de Europa y Norteamérica, la *queeridad* no tiene la condición clandestina de antes. La gente puede vivir su vida como gay, hetero o lo que quiera. Muchos jóvenes se identifican como no binarios. El movimiento trans nos ha obligado a todos a adentrarnos en reflexiones más profundas y complejas sobre la relación entre el sexo biológico y la expresión de género.

No *Lo que es. ¿Y si...?*

Muchas personas trans hablan acerca de encontrar su verdadera forma mediante la terapia hormonal o la cirugía, de manera que lo que vean en el espejo, y cómo las vean los demás, esté en consonancia con el modo en que se reconocen a sí mismas.

Lo entiendo. Está bien, es correcto y debería respetarse. La indignación que campa en estos momentos entre las mujeres trans (no parece que les ocurra tanto a los hombres trans) y las mujeres a las que se etiqueta de feministas radicales trans-excluyentes tiene que resolverse. En mi opinión, quizá el problema de base reside en que la larga historia de lo que significa ser mujer es un largo historial de hombres decidiendo *lo que es*. El feminismo cuestionó y reescribió esa historia sombría y deprimente planteando un *¿y si...?*

¿Y si nada de lo que nos han contado sobre nosotras mismas se fundamenta en la realidad? ¿Y si todo es una gran ficción?

Por eso resulta difícil oír a algunas mujeres trans, nacidas y educadas como hombres en un mundo que aún privilegia lo masculino, explicarles a las mujeres que han tenido que luchar por cada centímetro de espacio personal, de espacio privado, de espacio seguro, de espacio igualitario, que no tenemos derecho a ese espacio exclusivo. Para las mujeres cuya historia es la del silencio, y eso es algo que no admite debate, resulta demasiado familiar oír nuestras voces acalladas a gritos y ver nuestra experiencia vital ninguneada.

Y luego pienso en las mujeres trans y en todo por lo que han tenido que pasar para encontrar su identidad —su autenticidad—, y a ellas tampoco se las escucha. Suena a rechazo. Como si no fueran mujeres de verdad. Bueno, las lesbianas están acostumbradas a ese tipo de insultos. Igual que las mujeres que no se comportan del todo como quisieran los hombres. Y es un rechazo que no deseo que sienta nadie.

Tiene que haber una manera de resolver este enfrentamiento. Una manera de construir un relato que no se base en el rechazo y la recriminación. Ya sabemos cómo acaban esas historias. Nadie gana.

El esencialismo biológico —«esto es una mujer, esto es un hombre»— nunca ha sido un relato válido para todo el mundo. Para millones de personas ha supuesto una cárcel, para otros muchos es reduccionista, aunque reconfortante. En un mundo que resulta confuso, puede parecer un refugio. Una certeza. Después de varias décadas de tolerancia e inclusividad, últimamente nos topamos con una reacción violenta contra la disconformidad de género. Extremistas como Andrew Tate predican a sus seguidores de internet la inferioridad biológica de las mujeres. Igual que los talibanes. O los que desde la derecha justifican las malas conductas de los hombres escudándose en la «naturaleza». Los hombres son así.

Ser trans significa formar parte del espectro del ser. Más amplio y libre que cualquiera de esas categorías binarias que se quedan demasiado pequeñas.

Dentro de poco estaremos interactuando a diario, y de manera intrincada, con sistemas inteligentes, tanto integrados en sistemas físicos (robots) como no, que no tendrán ni biología ni género.

El mundo no binario ya está aquí.

El mundo no binario es el futuro.

En estos momentos, le asignamos un género a la IA. Por lo general femenino si es una IA «servicial».

A mí me parece tedioso y un paso atrás. Estamos en vías de desarrollar un sistema fluido, y con toda probabilidad inteligente, que no estará supeditado a nuestras limitaciones biológicas ni necesitará que se lo interprete, venda o promocione en función de nuestra estrechez de miras sobre el género.

Quizá esto se entienda mejor a medida que nos fusionemos con sistemas de inteligencia artificial que nos permitan conectar de manera directa con el mundo IA, probablemente mediante un chip BCI (interfaz cerebro-ordenador) implantado en nuestro cerebro.

No es ciencia ficción. Los implantes BCI ya son capaces de ayudar a pacientes con traumas físicos y neurológicos a conectarse directamente a sus portátiles... simplemente con sus pensamientos.

Yendo más allá —Larry Page, ejecutivo de Google, ha sido muy claro respecto a la función de los chips BCI—, ya no será necesario que te conectes a tu dispositivo... Tú mismo serás el dispositivo. Será como tener un genio personal. Haces una pregunta y la respuesta ya está ahí.

Según el ingeniero y futurólogo Ray Kurzweil, en 2030 los nanorrobots inundarán nuestros sistemas biológicos para comprobar nuestras señales vitales (presión arterial, nivel de glucosa en sangre, ritmo cardiaco, respiración, etcétera) y reparar los daños del envejecimiento celular. Si esa idea se materializara en una realidad, se trataría de una magnífica noticia, pero simbólicamente es un salto gigantesco. Habrá llegado el momento de que el Reino del Cuerpo pierda sus fronteras duras, igual que ocurre con la transformación.

Las divisiones entre el yo y el otro, hombre y mujer, hetero y gay, las socorridas definiciones con las que hemos vivido, están a punto de quedar obsoletas. La IA, en su forma pura, no tiene ni color de piel, ni sexo biológico, ni género.

Pensémoslo...

En el futuro, si llegamos a ser capaces de transferir la conciencia... el sexo biológico y el género serán irrelevantes.

No es el fin del ser humano, salvo que creamos que lo que nos hace humanos empieza y acaba en la biología.

Cuando leemos *Las mil y una noches*, descubrimos que la biología no es la suma total de nadie; las cosas suceden a lo largo del camino.

Ser humano en las *Noches* puede implicar que asumamos otras formas y apariencias.

Ser humano en las *Noches* implica aceptar la existencia de otras formas de vida que no comparten nuestra biología —aunque en ocasiones podamos compartir sus poderes especiales—, como viajar en un instante a través del espacio. Teletransportarnos.

Ser humano, en las *Noches*, es aceptar que ingerir la poción adecuada puede revertir el envejecimiento o concedernos el don de la clarividencia. Nuestra biología nunca tiene la última palabra.

Somos más de lo que parecemos.

Nuestra multiplicidad interior no es una serie de contradicciones. El único problema surge cuando quedamos atrapados en una forma que no es la nuestra. Cuando el personaje gana consistencia en torno a la persona. Cuando la máscara se funde con nuestro rostro. Cuando actuar como animales nos convierte en animales. Cuando no ser capaz de echar raíces supone que la única alternativa sea salir volando. Cuando me convierto en tu perro fiel, en tu bestia de carga, en tu gallina de los huevos de oro, en tu sirena, porque quiero intimidad pero no sexo. Cuando vivo como un pez fuera del agua.

Aquí estoy. Tu gacela atada a una cadena.

Shahrazad le dijo al sultán:
«Rey del mundo, lo que está por venir es aún más maravilloso».

Os estoy contando historias.
Creedme

Incapaz de encontrar el valor para matar al ternero, el anciano se dio la vuelta. Su mujer escupió en el suelo mientras maldecía su indecisión.

El pastor, viendo que no se le encomendaba nada más y que se había hecho demasiado tarde para devolver el ternero al rebaño, se llevó al pequeño animal a su propia casa tirando de la cuerda.

Cuando estaba llegando a la puerta, su hija salió a recibirlo, riendo y llorando al mismo tiempo, y le preguntó si en tan poca consideración la tenía como para llevar a un extraño a su presencia.

El pastor se quedó desconcertado. Respetaba a su hija. ¿De qué extraño estaba hablando?

La joven señaló al ternero y el animal se echó al suelo.

Resultó que desde muy pequeña la muchacha había aprendido que para las mujeres era esencial estar versadas en las artes mágicas, y las había estudiado en secreto con una hechicera del pueblo.

La hija del pastor le explicó a su padre que el ternero era presa de un encantamiento. Que aquella no era su verdadera forma. En realidad, el ternero era el hijo perdido tiempo atrás por el anciano.

¿Qué otra cosa podía hacer el pastor sino esperar hasta la mañana siguiente?

Tan pronto como amaneció, acudió corriendo a su señor. El anciano estaba fuera de la casa, encendiendo una hoguera y contemplando el amanecer. Estaba apesadumbrado. Se consolaba dirigiendo las manos al calor de las llamas y los ojos al sol naciente.

El pastor lo informó de la sorprendente noticia.

Juntos, atravesaron el pueblo con paso raudo hasta donde la hija y el ternero esperaban pacientemente.

¿Lo que cuentas es cierto?

¡Sí! Es cierto.

¿Y ahora qué?

La joven les explicó que podía devolverle su verdadera forma al joven. ¡Alegría, alegría! Pero había una condición.

¿Eh?

Los padres deberían acceder a que los jóvenes se casaran. La hija y el muchacho-ternero.

El anciano ríe de dicha.

—¿Eso es todo? ¡Por supuesto que sí! Ah, y tuyas son cuantas reses seas capaz de contar.

Esto va bien...

—¡Oh! Preparaos para maravillaros —dice la joven.

Mezcla unas hierbas secretas con agua. El ternero está tumbado a sus pies. Los hombres observan en silencio.

—¡Oh! Si ternero eres, ternero permanece. Si hombre eres, como hombre vuelve —recita la joven.

Rocía al animal con la infusión de agua oscura. El ternero parpadea y se lame las gotas de la carrillada. Se tambalea mientras se levanta. Ya no tiene cuatro patas, sino dos, y allí, ante ellos, aparece un joven apuesto de ojos profundamente negros y largas pestañas que vierte lágrimas de alegría.

Durante una hora, como poco, todo el mundo habla y todo el mundo escucha y todos lo hacen todo al mismo tiempo.

—¡Oh! Esta celebración está muy bien —dice la joven—, pero salvo que frene las ansias de hacer daño de tu mujer, daño continuará causando.

—¡Mátala! —dice el anciano.

—¡Mátala! —dice el pastor.

—¡Mátala! —dice el hijo.

Pero no. La flamante nuera escoge otro castigo. Ojo por ojo. Transformación por transformación.

La esposa del anciano se convertirá... ¿en qué? ¿Una rata? ¿Una hiena? ¿Una víbora? ¿Un buitre?

No. No.

Una gacela.

¿Eh?

Examinémoslo más detenidamente.

El término árabe para «gacela» es *ghazala*.

Hay un tipo de poesía amorosa dentro del género lírico árabe llamado *ghazal*, cuyos poemas terminan en pérdida, separación o tristeza. El motivo de la pérdida entronca con otra de las acepciones de *ghazal*, que no solo designa al «ciervo» o al «antílope», sino también, específicamente, «el triste lamento de un ciervo herido».

La doña Esposa, formada en artes mágicas como su inesperada nuera, entenderá a la perfección hasta qué punto el castigo conviene a sus crímenes.

La primera esposa ha perdido. Su doloroso lamento es lo único que queda.

Si congelamos la historia en este momento, si nos apartamos un poco y volvemos a mirar, ¿de qué nos percatamos?

Tenemos ante nosotros a tres hombres —dos padres y un muchacho— cuyos futuros se encuentran en manos de una mujer joven.

Se trata de una inversión de la situación habitual en la que son los hombres quienes ostentan el poder. Durante un tiempo, otra mujer, la doña Esposa, se ha hecho con el control del drama doméstico, pero lo ha llevado a cabo en secreto y de manera deshonesta. Nuestra joven, por su parte, es clara y honesta. No maquina, dice la verdad a todo el mundo... y por eso puede controlar a la mentirosa y vengativa esposa.

El equilibrio de poder ha cambiado porque nos encontramos ante alguien que ve dentro de la vida de las cosas. Alguien capaz de ver debajo de la superficie.

Lo que es real. Lo que es ilusión.

Esta joven, ella sola, decidirá cómo continúa la historia.

Es un avatar de la propia Shahrazad.

La gente me pregunta para qué sirve leer literatura.

Al decir «literatura» me refiero a esas obras nacidas de la imaginación que son más que simples libros para pasar el rato y luego desecharlos. Esos que caen en el olvido en cuanto uno termina de leerlos.

La literatura permite complejidad, pero la complejidad no significa oscuridad. Literatura no equivale a aburrimiento. Lo que buscamos —bueno, al menos yo— es una obra con el poder de cautivarnos a muchos niveles.

Sí, queremos que haya una historia. Sí, queremos conectar de alguna manera con los personajes. Sí, queremos entrar en ese mundo nuevo, y tal vez extraño. Pero también queremos que

ocurra algo, y más concretamente que nos ocurra algo a nosotros.

Ese mundo nuevo y tal vez extraño planteará cuestiones, des-
pertará recuerdos, nos obligará a reflexionar sobre nuestro mundo. Y sobre los asuntos del corazón. Donde siempre acabamos.

La literatura es una invención. Pero una invención que nos pide
distinguir entre la realidad y la ficción.

Las respuestas sencillas y superficiales a menudo son ilusiones. No profundizan lo suficiente. Las normas por las que nos
regimos son provisionales y cambiantes, las cosas no «siempre
han sido de esta manera». Las cosas no «siempre se han hecho de
esta manera».

¿Y si echamos un breve vistazo a un texto clásico que muchas
personas conocen... o creen que conocen? *Jane Eyre*, de Charlotte
Brontë.

He aquí una joven que en principio no tiene amigos, ni familia, ni dinero... una situación nefasta para cualquier mujer joven
en el siglo xix. Pero Jane responde a su infortunio enfrentándose
a cada nuevo desafío con lucidez e integridad. El superpoder de
Jane es la habilidad para distinguir lo que es falso de lo que es
real.

En la era de la dorada hipocresía, y en un momento en que
la opinión de las mujeres contaba muy poco, es un gran superpoder.

Jane rechaza casarse con el engreído pastor St. John Rivers
porque no lo ama. Ve con claridad su irritable narcisismo y retro-
cede ante un corazón tan frío.

Se niega a vivir con el ya casado señor Rochester en calidad
de amante, y no porque sea puritana, sino porque no está dis-

puesta a concederle la solución más cómoda, algo que un hombre de su fortuna y posición da por sentado. Ella lo ama profundamente, pero se tiene a sí misma en mayor estima.

Rechaza la opción mediocre. Esta joven sin un penique sabe que vale más de lo que le ofrecen todos los hombres de su vida.

Más tarde, por descontado, Jane podrá casarse con el señor Rochester. Para eso están los finales felices.

Es una historia que se ha visto diluida y devaluada en todas partes por las novelas románticas, pero *Jane Eyre*, el libro original, es difícil de leer. Si nos enfrentamos a la novela en sus propios términos, nos incomoda. Los caminos evidentes se cierran a cada paso. Leer *Jane Eyre*, como la obra pide que se lea, implica cuestionar nuestras convicciones acerca de cuál es la respuesta correcta.

Y para quienes no creen en las posibilidades metafísicas, el momento en que Jane oye que el señor Rochester la llama a través del espacio y el tiempo, y le responde y corre a su encuentro en Thornfield Hall, donde encuentra la mansión quemada hasta los cimientos y a él ciego... bueno, eso es una reprobación a la literalidad tan potente como cualquier pasaje de las mágicas *Noches*.

Nuestro habitual plano de la existencia no es el único plano. No todo lo que ocurre aquí tiene respuesta aquí. A menudo necesitamos dirigirnos a nuestro interior, a un plano espiritual o psicológico. Me educaron en un ambiente religioso, como ya sabéis, por lo que aún sigo mirando más allá, o a través, de lo que solo está presente en el aquí y ahora. Es mi forma de ver la vida: lo único que puedo hacer es ser consciente de ello. Ese es mi sesgo. Aunque un sesgo solo significa una inclinación. ¿Cuál es el tuyo?

Independientemente de cuál sea nuestro sesgo personal, cuando repasamos nuestra vida, todos sabemos que, por mucho que nuestras necesidades materiales estén satisfechas, descubrimos, a veces con consternación, que ninguna de nuestras grandes preguntas se ha satisfecho en absoluto. *¿Quién soy? ¿Qué soy? ¿Qué hago aquí? ¿Por qué tengo el corazón roto?*

Que cada uno haga su lista.

El fracaso de este mundo es que tantísimas personas vivan en la escasez y la miseria. Mientras algunas se ven obligadas a tener dos empleos, otras ni siquiera consiguen uno. Muchas temen por su vida a diario. Hay millones de seres humanos cuya mera supervivencia les priva de un espacio donde respirar y reflexionar sobre las grandes preguntas, un espacio al que tal vez solo consiguen acceder gracias a una doctrina religiosa que las resuelve por ellos. Puede que esta les reporte consuelo y fuerza, pero deja el trabajo sin hacer.

Nada ni nadie, salvo nosotros mismos, puede responder las grandes preguntas —si somos lo bastante afortunados para llegar a hacérnoslas.

Ni Jesús, ni Alá, ni Buda, ni tu gurú, ni tus libros de autoayuda, ni tu familia, ni siquiera tu pareja. No estoy defendiendo un espléndido aislamiento, nada más lejos; la virtud de la sociedad humana es que no estamos solos: hablamos, escuchamos, leemos, aprendemos unos de otros. Los encuentros influyen en los resultados. Las grandes religiones del mundo, y los filósofos, pensadores y escritores que nos han precedido, están ahí para servirnos de guía y ayudarnos. Nuestros seres queridos, las personas en las que confiamos, están ahí para ayudarnos.

Sin embargo, en última instancia, cada uno debe responder por sí mismo. Y cada uno responderá de manera distinta a la misma pregunta.

Por eso la literatura es tan importante. Ahondar en la lectura no es una pérdida de tiempo. Leer es dedicar un tiempo valioso a acercarnos un poco más a nosotros mismos. La alienación es la enfermedad de nuestros días. ¿Dónde está nuestro sitio? ¿A qué o a quién debemos lealtad? Esta es, en realidad, una pregunta más profunda acerca de quiénes somos. Solo podemos conocernos y aceptarnos si disponemos de la oportunidad de demorarnos, ¿o debería decir morar?, en las grandes preguntas.

Y es un trabajo que nunca acaba. Hasta que morimos. Y puede que ni siquiera entonces.

¿Quién sabe?

Karl Marx, azote del capitalismo (aunque no parece que sus detractores lo lean), sostenía que el socialismo debía garantizar las necesidades animales del hombre —alimento, refugio, seguridad, entorno saludable, trabajo digno—, para que el hombre pudiera satisfacer sus necesidades humanas. La curiosidad, el conocimiento, el estudio, la invención, el arte, la música, todas esas cosas raras que nos distinguen de las bestias y a través de las cuales nos enfrentamos a las grandes cuestiones existenciales. El propósito de la existencia. *¿Quién soy? ¿Qué soy?*

Lo humanos no podemos vivir sin sentido.

Así que no, no encontrarás el sentido en los vídeos de TikTok, ni tampoco en las armas de distracción masiva de las redes sociales, que reducen la mente humana a su mínima expresión. Necesitar el siguiente chute de dopamina del exterior cada pocos minutos es una manera muy triste de vivir. Es una estrategia de insatisfacción, y dificulta que nos sentemos tranquilamente con un texto que exige toda nuestra atención, algo que puede resultar un tanto aterrador porque lo que ocurre a continuación es que empezamos a prestársela a nuestra vida interior. ¿Tienes una?

Es una buena pregunta. El poeta Ted Hughes creía que todos tenemos un alma, pero que siempre permanece dormida. No necesita molestarse en despertar para enterarse de las noticias, ni para ir de compras o pasarse el día en la oficina.

Hughes pensaba que la labor de la poesía era despertar el alma.

La poesía tiene más posibilidades de escapar del plano terrenal de la existencia que la prosa, porque su primordial cualidad es un lenguaje que trasciende la mera utilidad.

Esa clase de lenguaje invita a la ensoñación y la creación de imágenes. Ya no estamos atrapados únicamente en lo que está sucediendo —qué es lo siguiente que va a pasar, la vida de acción—, sino que damos rienda suelta a un estado mental más creativo, menos orientado a objetivos, menos ansioso.

La utilidad es el esto y aquello de nuestra vida diaria, la rueda de hámster de lo que otro poeta, William Wordsworth, llamaba «obtener y gastar». Una vez que nuestras mentes dejan atrás la utilidad, el alma despierta y dice: «Por esto vale la pena levantarse».

Sé que la búsqueda de algo más allá de la utilidad conduce a muchas personas a perderse en series de fantasía y/o videojuegos o a pasar todo el tiempo en internet. Es un grito de desesperación por lo que el mundo que nos rodea no puede ofrecernos, sobre todo para esos miles de millones que se ven obligados a vivir en entornos empobrecidos/contaminados, donde la naturaleza no puede hacer su doble trabajo de sosegarnos y estimularnos.

Para mí, el remedio que muchos buscamos —de manera consciente o no— tiene que ir más allá del escapismo. Escapar y entregarse al escapismo no es lo mismo. Entregarse al escapismo alivia lo que nos resulta intolerable de manera inmediata y fugaz. Escapar es real.

Al estilo de las *Noches*, daré (otro) rodeo para hablar de la palabra ESCAPAR.

Los prefijos latinos e- y ex- significan, respectivamente, «fuera de» y «fuera», «más allá». El término *cappa*, por su parte, que en latín medieval designaba una prenda de abrigo femenina con capucha, amplió su significado. Por lo tanto, cuando escapas, estás dejando atrás tu prenda de ropa exterior, lo cual podría implicar una pérdida, pero es necesario.

Cuando escapamos de las garras de una vida demasiado aburrida, agotadora y sin sentido, quizá debamos dejar algo atrás —pero es solo una prenda exterior, y tal vez nos la quitemos y la colguemos para poder escabullirnos sin ser vistos.

Hay muchas razones para escabullirse sin ser visto.

El uso de la palabra «escapismo», una palabra muy distinta, no empieza a ser habitual hasta la década de 1930. Por lo general tiene connotaciones negativas —como distracción de los rigores de la vida real—, aunque el escritor de fantasía Terry Pratchett trató de rescatarla, supongo que para defender su trabajo, si bien su brillante obra no necesita defensa alguna.

Si vives dentro de *Discomundo* y esa experiencia te prepara mejor para vivir en el mundo real, yo no lo llamaría escapismo. El problema del escapismo es doble. En primer lugar, nos pone en bandeja actividades que nos distraen y nos hacen más pasivos/sumisos/conformistas con las condiciones subóptimas del mundo real. Por ejemplo, en *Los juegos del hambre* el cruento espectáculo anual de los Juegos, inspirado en las luchas de gladiadores, sirve para que la distopía totalitaria cotidiana resulte soportable y aceptable.

El segundo problema del escapismo es que es efímero e ineficaz. Es una droga externa que no aporta nada sustancial y crea adicción. No es necesario que dé ejemplos de la implacabilidad con que las redes sociales explotan nuestra necesidad. Buscamos una vía de escape. Las redes sociales sustituyen el escapismo.

No querría que se me malinterpretara; tienes un mal día y tus amigos te dicen: «Olvídalo y vamos a tomar algo». Y eso ayuda. Ayuda porque tienes amigos y porque ese ligero alivio te ofrece la oportunidad de dejar de darle vueltas a la cabeza. Quizá vayas a un evento deportivo o a bailar o a jugar a los bolos. Esas actividades son divertidas y terapéuticas. Te ayudan a «tener la mente en otra parte».

Cuando me siento agobiada, trabajo en el jardín o voy a dar un paseo. Dejo de pensar en lo que quiera que esté angustiándome para poder examinarlo mejor, más tarde.

A menudo, lo que nos preocupa tiene pronta solución. Hacemos bien en buscar un poco de alivio para poner las cosas en perspectiva.

Sin embargo, las cosas importantes... bueno, un pequeño desahogo no las ahuyentará, seguirán estando ahí a la mañana siguiente.

Y es que hay una diferencia abismal entre lo que podríamos llamar una crisis existencial y los altibajos habituales de la vida, o lo que Freud denominaba «infelicidad cotidiana».

Cuando nos enfrentamos a las grandes preguntas, no hay consuelo ni distracción capaces de ayudarnos.

Me he convertido en apóstol de la literatura porque ese contacto continuado y regular con el pensamiento profundo, con el lenguaje iluminado, con mundos vívidos, nos anima a mirar hacia dentro, no hacia fuera.

Y en el interior es donde descubrimos y creamos recursos que nos pertenecen.

Recursos intrínsecos, no externos.

Albergo una biblioteca privada en mi interior que puedo visitar cuando desee gracias a que he ido abasteciéndola a lo largo de muchos años. Contiene historias, personajes, frases, palabras, ideas, consuelo, desafíos, recuerdos, y aunque nunca volviera a ver un libro, nadie podría quitarme lo que tengo.

No lo encontrarían. No está fuera. Está dentro.

La estrategia de construir una biblioteca interior nació a raíz de que mi madre, la señora Winterson, intentara quitarme mis libros.

En nuestro religioso hogar, los libros eran algo profano y no estaban permitidos salvo que fueran anodinos, como la ración semanal de novelas de misterio de ínfima calidad que ella sacaba de la biblioteca pública. Yo era la encargada de ir a buscarlas, así que pronto descubrí que existían los libros de verdad.

«Literatura inglesa en prosa de la A a la Z» era una magnífica pared llena de libros ubicada en el interior de la preciosa y solemne biblioteca Carnegie, una de las muchas fundadas en todo el mundo gracias al patrocinio del industrial Andrew Carnegie.

Para disfrute y beneficio de lectores de clase obrera como yo.

En la biblioteca, encontré lo que buscaba.

La justificación de la señora Winterson para la adopción de esa política antilibros era sencilla: «El problema con un libro es que nunca sabes qué contiene hasta que es demasiado tarde».

Era consciente del poder de la literatura.

Esos objetos prohibidos y poderosos ejercían una fascinación magnética sobre mí. Los leía en la biblioteca pública mientras se suponía que estaba escogiendo historias policiacas para llevárselas a mi madre, y empecé a comprar novelas con el dinero que ganaba después del colegio, trabajando en un puesto del mercado.

Si deseas saber más acerca de esa época de mi vida, he escrito sobre ello en el libro de memorias *¿Por qué ser feliz cuando puedes ser normal?*

Los libros me enseñaron que otros mundos eran posibles. Otras maneras de pensar. Otras maneras de ser. No era únicamente una pobre niña en una ciudad de clase obrera. Una niña con opciones limitadas. Era Huck Finn, Heathcliff, Moomintroll, David Copperfield, Scout Finch, y aunque desde luego no era Emma Woodhouse ni Dorothea Brook, veía a través de ellas las dificultades a las que se enfrentaban por el mero hecho de ser mujeres, dificultades que no tenían nada que ver con las aptitudes o la inteligencia, sino con el género. La anquilosada estrechez con que se diagnosticaba la condición femenina.

Recordemos *Madame Bovary*. Y el impacto que esa obra tuvo entre las mujeres de clase media cuando comprendieron que no estaban mal de la cabeza ni eran unas destrozahogares.

Lo que yo comprendí a raíz de mis lecturas fue que muchas mujeres están tan atrapadas en la condición de ser mujer que no tienen la oportunidad de afrontar las grandes preguntas de la vida. *¿Quién soy? ¿Qué soy? ¿Qué quiero?* Y si lo hacen, lo pagan caro.

Alguien podría decir: bueno, con todos esos libros de los que hablas, ¿por qué no puedo ver la película y ya está? Las películas son el mundo moderno. Los libros son el Antes.

Me encanta el cine, aunque no suelen gustarme las adaptaciones cinematográficas de los clásicos, por todo lo que se pierde y simplifica.

El lenguaje siempre es una víctima.

El lenguaje en sí mismo, las palabras en la página, y la concentración que se necesita para leer amplían e intensifican nuestra capacidad mental. Y lo que es de crucial importancia, nadie interpreta la experiencia por nosotros, ni un director, ni un guionista, ni los actores. Es puro y directo. Tu mente y la del escritor. Es una conversación privada. Una intimidad que no se encuentra en ninguna otra parte.

Soy partidaria de los audiolibros, pero incluso en ese caso es probable que nos centremos en la historia y nos perdamos gran parte de lo que el lenguaje puede ofrecer, salvo que nuestras mentes estén entrenadas para «oír» el lenguaje como lenguaje y no solo como entrega de contenido.

En ocasiones, estás leyendo y de pronto una frase te deja atónito —te obliga a detenerte—, alzas la vista y piensas en lo que acaba de ocurrirle a todo tu ser. Puede que la subrayes. Puede que la recuerdes para siempre.

La lectura no es lineal, no de la manera en que los audiolibros y las películas obligan a que el «contenido» lo sea.

Cuando leemos, sí, pasamos las páginas y estas siguen un orden concreto, pero en nuestras cabezas nos movemos en distintas direcciones; además, por lo general no acabamos un libro de una sentada. Esto es algo positivo: dejamos que el texto actúe lentamente sobre nosotros. Lo asimilamos, hasta que entra a formar parte de nuestra biblioteca privada.

El motivo por el que a la ficción se le da tan bien moverse en el tiempo —comprimiendo o expandiendo el tiempo normal y lineal— es que nuestras mentes creativas no son lineales. Viajamos entre el pasado y el futuro de manera simultánea y constante. El presente a menudo es provisional, no lo entendemos hasta que ha acabado.

La ficción trabaja con esta propiedad de nuestras mentes no lineales. Igual que la poesía, que es capaz de tomar un solo recuerdo o una idea y retenerlos de tal modo que parece que se extienden a lo largo de mucho más tiempo del espacio que ocupan.

Los recuerdos no son solo «lo que ha sucedido» en sentido estricto y objetivo. Dos personas en un mismo lugar y un mismo tiempo recordarán los hechos de manera distinta, y no porque seamos narradores poco fiables en el escenario de un crimen, sino porque aquello que es relevante supone algo distinto para cada uno de nosotros.

Un recuerdo no es un objeto en la vitrina de un museo. Lo que hace que el recuerdo sea importante cambia con nosotros; este puede difuminarse, afianzarse, regresar de pronto. Es un proceso dinámico.

Nuestros recuerdos no están organizados. No siguen un orden alfabético —ni nosotros tampoco.

No se disponen de manera cronológica como las entradas de un diario, se sitúan unos al lado de otros según su eco «emocional». Por eso un hecho del día anterior es capaz de despertar algo que sucedió cinco —o cincuenta— años antes.

Veamos unos versos que me encantan del poeta irlandés W. B. Yeats. Pertenecen a un poema titulado «The Municipal Gallery Revisited» (1937) [«Nueva visita a la Galería Municipal»].

El poeta pasea por la galería mientras contempla los típicos óleos de figuras importantes, ya casi olvidadas.

Y entonces...

Before a woman's portrait suddenly I stand;
Beautiful and gentle in her Venetian way.
I met her all but fifty years ago
For twenty minutes in some studio.

III
Heart smitten with emotion I sink down,
My heart recovering with covered eyes.

[«Frente al retrato de una mujer me hallo de pronto; / Bella y delicada a su manera veneciana. / Coincidí con ella hace casi cincuenta años / Durante veinte minutos, en algún estudio. // III / Con el corazón invadido de emoción me derrumbo, / Mi corazón se recupera mientras me cubro los ojos»].

Muchos de nosotros hemos experimentado de manera física y literal lo que describe Paul Simon en una de sus canciones: «I met my old lover on the street last night». [«Anoche me topé en la calle con mi antiguo amor»].

En el poema de Yeats, quedamos envueltos en la fuerza abrumadora de un recuerdo que durante un momento borra el presente. La mente no se limita a ser testigo de la realidad, es su propia realidad, y esa realidad no es una ilusión.

Recordemos el final de *Siempre el mismo día*, de David Nicholls. Dexter lleva a su hija a Arthur's Seat en Edimburgo, Escocia, para conmemorar los veinte años que hace que conoció a Emma. Emma ha muerto. No creo que los seres humanos podamos, o debamos, vivir solo en el presente, incluso si el presente es lo único que tenemos. Existe un equilibrio psicológico entre los mantras budistas de sanación que invitan a «estar presentes» y el poder de la memoria para reconectarnos con la totalidad de nuestras vidas.

Vivir en el pasado no es una buena receta para la salud mental. Pero tampoco lo es el falso olvido de lo que nos duele recordar.

La ficción y la poesía, la música y el teatro, ofrecen espacios seguros y protegidos donde encontrar nuestros propios recuerdos, nuestro propio pasado, no como si se tratara de un documental —«esto es lo que me sucedió»—, sino usando el pasado de manera alusiva o simbólica. Eso fue lo que hice en el libro *Las naranjas no son la única fruta*. No soy yo, pero sí uno de mis avatares.

Para las mujeres, la ficción escrita por hombres no siempre es un lugar seguro. En la ficción, los personajes femeninos ideados por hombres parecen morir más a menudo de lo que es estadísticamente probable, algo en lo que reparé cuando era adolescente y leía en secreto, y que me llevó a preguntarme a qué se debía. Todavía no me había topado con la ópera, cuyo escenario está repleto de damas muertas.

Los hombres han escrito desde hace mucho tiempo casi todo lo que leemos, vemos u oímos, y nos cuesta cambiar de hábitos. Es más sencillo matar a la mujer que acabar con una costumbre de muchas vidas. Eso significaría dar a las mujeres autonomía e igualdad. Significaría concederles un alma que no estuviera al servicio del viaje del héroe.

Cuando el héroe muere, a menudo se trata de un sacrificio por el bien de todos, su muerte es parte de ese heroísmo. Será recordado como mucho más que un personaje de la trama romántica.

¿Las mujeres? R. I. P.

En las *Noches*, Shahrazad sabe muy bien que las mujeres no ostentan ningún poder en la sociedad y que sus muertes, de recuerdo efímero, probablemente se producirán a manos de un hombre contrariado con su comportamiento.

A medida que las historias de Shahrazad avanzan, ella confía en que recordemos lo que hemos oído con anterioridad para poder construir un mundo invisible complejo e inquisitivo. Shahrazad nunca predica ni moraliza, no juzga, aunque sus personajes sí lo hagan, igual que nosotros. Se limita a desplegar su alfombra de historias, una tras otra, para que nosotros, los oyentes, los lectores, acabemos viendo algo que trasciende el resultado de cada historia por separado. Shahrazad crea dibujos, patrones.

Los patrones no son lo mismo que las reglas. Tampoco son estadísticas. El mundo árabe adora los patrones —solo hay que ver sus alfombras y su arquitectura—, pero suelen ser abstractos, evitan la representación de manera deliberada, en especial cualquier representación que pueda vincularse al reino de lo divino.

Tanto el islam como el judaísmo prohíben los ídolos, las imágenes talladas, la utilización del más mínimo tótem que represente lo que no se puede representar. La representación es demasiado obvia, demasiado básica, demasiado literal.

Este precepto tiene un sentido histórico: si pretendes que tu nueva religión/deidad sea distinta de todas las demás... proclamar que nadie podrá conocerla a través de ninguna representación creada por el ser humano es una jugada muy audaz.

Esa alteridad volvió a hacerse sentir con fuerza en el cristianismo durante la Reforma. Toda la parafernalia católica —las estatuas, los altares, las reliquias, los iconos, los amuletos, las vestiduras, los retablos, los cuadros, incluso las vidrieras— debía desaparecer. La depuración máxima es un puritano vestido de blanco y negro, sentado en una capilla desnuda de Nueva Inglaterra, con el sol entrando por una ventana abierta.

Por descontado, el rechazo de la parafernalia asociada al culto por su riesgo de distracción no tarda en transformarse en odio hacia cualquier tipo de exceso material.

Cada cierto tiempo, y a menudo a través de la religión o el arte —pensemos en los cuáqueros, en los *shakers*, la pureza y sobriedad del arte moderno y el minimalismo—, los seres humanos necesitan dejar de representarse a sí mismos —su fuero interno— a través de cosas.

No lo tildaría de moda. Es mucho más. Los seres humanos siguen tratando de acercarse a una esencia, ya se trate de la esencia de Dios, a cuya imagen y semejanza se dice que estamos hechos, o de la nuestra. Las crisis siempre responden a un rechazo del exceso. Lo cual, por supuesto, puede ser simple fachada: los ultrarricos tienen la posibilidad de aparentar que llevan una vida sencilla cuando no es así, una vida sencilla que se sustenta en el esfuerzo de otros.

Sin embargo, ya se trate del principesco Siddhartha Gautama, que abandonó sus palacios para fundar el budismo, o de san Francisco de Asís, que repartió sus posesiones para estar más cerca de Dios, o de Moisés, quien, pese a criarse entre faraones, dio la espalda a la seguridad y las riquezas, el exceso material equivale a una falta de imaginación.

Considerémoslo un Mar-a-Lago de la Mente.

Los cuentos de Shahrazad, repletos de detalles, desovillándose, dibujando piruetas unos sobre otros, haciéndose gigantes como los yinns que tan a menudo los pueblan, no son minimalistas. ¿Qué más se puede pedir? Historias apiladas encima de otras historias. Un bazar del exceso. Riquezas que desbordan cualquier avaricia. Incontables palacios. Más diamantes que estrellas en el firmamento. Es un inventario de la ostentación.

O bien...

Examinémoslo con más atención.

El mensaje de las *Noches*, independientemente del relato que leamos, se traduce en la soberanía de la imaginación. En sus historias, los personajes que no salen bien parados, ricos o pobres, sabios o necios, son siempre quienes son incapaces de ver más allá de su propia representación de la realidad. Siempre serán pobres, por muy ricos que sean, porque sus cabezas están sintonizadas en un solo canal de televisión.

A nadie les son ajenas la fortuna o la fatalidad de las *Noches*. Tunantes o currantes. Despiadados o piadosos. Conscientes o egocéntricos. Buena suerte y mala suerte. Ese es el punto de partida. ¿Y ahora qué?

Las *Noches* nos aconsejan que no nos perdamos en lo literal.

Esos palacios, esas riquezas, las bailarinas, los camellos, los cofres repletos de oro, todo desaparece en cuanto apartas la vista. En las *Noches*, los tesoros se desvanecen tan a menudo como se materializan. Vuelves a mirar y ahí están de nuevo multiplicados por diez, apilados hasta el techo. Fabuloso en el verdadero sentido de la palabra, es decir, que no tiene base en la realidad.

Es lo que leemos en la historia que cuenta Platón en la *República* (c. 380 a. C.) sobre los cautivos de la caverna, que imaginan que las sombras que la luz de la hoguera proyecta sobre la pared son el mundo real. Sin poder girar la cabeza hacia otra parte y con el cuerpo encadenado, necesitan que su «realidad» sea «real».

Pero no lo es.

Shakespeare dice más o menos lo mismo a través de Próspero en *La tempestad* (1610).

> *La función ha terminado. Como te dije,*
> *ya, estos actores no eran sino espíritus;*
> *se han disipado en el aire, en el*
> *ingrávido aire, y, como la infundada*
> *trama de esta visión, torres orladas de*
> *nubes, espléndidos palacios, templos*
> *solemnes, y hasta el mismísimo globo,*
> *sí, y con él quienes lo hereden, han de*
> *disolverse y, tal como esta tramoya*
> *insustancial, se desvanecerán sin dejar*
> *rastro. Somos de la misma materia que*
> *los sueños y el sueño envuelve*
> *nuestra breve vida.* *

Lo que pensamos que es real no es la realidad.

La vida invisible, desbocada, sin límites e inmaterial de la imaginación, y lo que ella inventa, esa es la base de la realidad. No la «materia». Algo en lo que Shakespeare y Shahrazad coinciden con Platón.

La concepción de Shahrazad acerca de lo que es y lo que no es real le permite ver más allá del culto a la muerte diario del sultán. Eso es lo único que él tiene: día tras día, otra decapitación. A la

---

* William Shakespeare, *La tempestad*, en *Romances. Obra completa 4*, Andreu Jaume (ed.), Barcelona, Penguin Clásicos, 2016. Trad. de Andreu Jaume. *(N. de la T.)*

vista de Shahrazad, lo que él vive es una ilusión. Lo que vive ella será la realidad.

¿Qué es real?

¿Qué es una ilusión?

Relato tras relato, Shahrazad plantea esa pregunta. Mejor dicho, nos pide que la respondamos, y no es fácil. Los patrones que teje a partir de su mente multihilo permiten que el lector cree a su vez los suyos. Hay algo más que el contenido de cada historia. ¿De qué trata? No, una pregunta demasiado deshilachada por el uso. ¿De qué no trata? Esa está mejor.

La lectura de las *Noches*, con su resistencia a ser condensadas o explicadas, su indiferencia por la contención, su ausencia de timidez, su engañosa sencillez y su bellísima complejidad, termina por convertirse en una guía para cualquier otra cosa de valor que leamos a lo largo de la vida. Nuestras lecturas construyen nuestra biblioteca privada, y las conexiones, los patrones son como raíces de árboles que se extienden sin ser vistas, bajo tierra.

Sí, los árboles están ahí, separados unos de otros, sin ninguna relación aparente, y aun así bajo la superficie existe una inmensa red de raíces.

Cuanto más lees más conectada está tu red. No me refiero a las conexiones superficiales de tu red social, sino a las conexiones particulares y personales que has construido y que forman esa vasta balsa debajo de ti.

En tu mente puedes hacer referencias cruzadas. En tu mente puedes ver el patrón con claridad. El modo en que algo de Shakespeare se relaciona con una historia de A. M. Homes o de George Saunders. O una canción de Joni Mitchell, o un cuadro que el verso de un poema conecta con una parte recóndita de ti. El patrón que construyes es único. Es un tesoro. Es tuyo. Aquí hallarás palacios y joyas y genios en vasijas. Y no se desvanecen al alba.

¿Qué recuerdas? ¿Qué es eso invisible para los demás y tan vívido para ti? ¿Tus dominios privados, por los que paseas sin temor a que te molesten los compradores y los vendedores de turno? El portal a través del cual retroceder en el tiempo.

La ficción es extraña porque ha de lidiar con recuerdos inventados de vidas inventadas, pero su artificio nos ayuda a comprender nuestros propios recuerdos —o a reconciliarnos con ellos, e incluso a rechazarlos— con más claridad. Creemos que nuestras vidas han sucedido de verdad. Y tal vez sea así. Lo que hemos leído no ha ocurrido —al menos no de la misma manera—, y sin embargo lo uno sirve de interpretación de lo otro. Mi vida, de lo que he leído. Lo que he leído, de mi vida.

Shahrazad tiene razón. Se vuelve más difícil, o menos importante, desenredar esos hilos que entrelazan lo que hemos leído y lo que hemos hecho. O entre un tipo de ficción (nuestra realidad) y la ficción que explora tales realidades.

Hay un libro que me encanta de la escritora británica Vita Sackville-West, que mantuvo una relación con Virginia Woolf y cuya vida inspiró a esta su novela trans que transgrede el tiempo, *Orlando* (1928).

Toda pasión apagada (1931) sigue los últimos años de lady Slane tras la muerte de su marido y los múltiples intentos de sus detestables e incompetentes hijos de arrebatarle la independencia que finalmente desea para sí misma.

Lady Slane conoce a Mr. FitzGeorge, un coleccionista de arte que empieza a visitarla por las tardes, hasta que un día el hombre le recuerda que ya habían coincidido antes, en la India, cuando él era un joven que se hallaba de viaje y ella la esposa del virrey.

Lady Slane lo había olvidado por completo, y ahora debe retroceder en el tiempo para rememorar a aquella joven con un recién nacido en el turbio esplendor del Raj. Todo lo que deseaba estaba a su disposición, pero los recuerdos no son del todo agradables, a medida que el pasado regresa a su memoria despojado de tópicos, relatos oficiales, fotografías formales o detalles idealizados por otros.

De pronto, sentada frente a ese extraño caballero que ha llegado como si de un emisario del Destino se tratara, comprende en toda su plenitud lo que ha perdido, lo que ha sacrificado, para vivir una vida perfecta y refinada: la vida de su marido.

Mr. FitzGeorge lleva más de cincuenta años enamorado de lady Slane. Nunca se ha casado. De repente, le dice:

Afróntelo, lady Slane. Sus hijos. Su marido, su esplendor solo eran obstáculos que la mantenían alejada de usted misma. [...] Supongo que era demasiado joven para ser consciente de ello, pero cuando escogió esa vida, pecó contra la luz.

Una acusación contundente, pero bien recibida.

Se oye el tictac del reloj en la repisa de la chimenea. El tiempo no debería tener la última palabra.

Ahora la conversación puede ser distinta, porque las personas que la mantienen son capaces de reconocer lo que se perdió/distorsionó/quedó enterrado cuando se narraba sin vacilación como una historia en la que eran meros personajes, no sus autores.

Es una conversación que empezó cincuenta años atrás.

En ocasiones, si tenemos suerte, podremos retomar una conversación vital antes de que sea demasiado tarde. No importa que ya no se puedan cambiar las circunstancias del pasado, o nuestras elecciones... eso pertenece al plano terrenal, al terreno de lo cotidiano, y en el plano terrenal, sí, se nos acaba el tiempo.

«Es demasiado tarde» puede ser una tragedia o una declaración objetiva.

En el plano espiritual no se nos acaba el tiempo. La verdad importa, y también que lo importante sea comprendido; por nosotros mismos, sin duda, y quizá por los demás.

La ilusión se acaba. Empieza la realidad.

Pese a lo conmocionada que estaba, lady Slane rio de corazón. Se sintió inmensamente agradecida con el atrevido anciano.

Él dice:

Ahora podemos ser amigos.

Shahrazad se percata de que amanece. Empieza a contar el final para que la historia pueda comenzar de nuevo.

Fuera, en el desierto, el ifrit está satisfecho. Una historia magnífica. Un intercambio justo por un tercio de la sangre del mercader.

El ifrit se levanta y coge la espada para decapitar al tembloroso mercader.

Sin embargo, para entonces hay un segundo hombre en escena. El recién llegado se aproxima con paso tranquilo a la sombra de las palmeras mientras tira de dos *salukis* que lleva sujetos con correas de oro trenzado.

—¡Ifrit! —exclama—. Has oído una historia, pero yo tengo otra. Si la supera en maravilla, ¿recibiré otro tercio de la sangre de este hombre?

El ifrit ordena al mercader que se arrodille y se prepare para morir.

Los dos galgos persas se acobardan.

—¿Y bien? —insiste el hombre—. ¿Quieres oír la historia o no?

Saluki x 2. Collares dorados. Lebreles. Corredores veloces. Difíciles de adiestrar.

Estos perros son cazadores que localizan a sus presas con la vista. Fueron criados y muy apreciados en lo que los europeos solían llamar el Creciente Fértil de Oriente Próximo. Entre los ríos Tigris y Éufrates. A lo largo de las orillas del río Jordán. Donde surgieron la vida y el conocimiento antes de que surgieran en ninguna otra parte. Agricultura sedentaria. La primera biblioteca del mundo. No había pergaminos. Ni rollos. Ni páginas encuadernadas. Solo tablillas de arcilla. El mismo método que Yahvé usó cuando escribió los Diez Mandamientos para Moisés. La biblioteca se erigió en la gran ciudad de Nínive. Ya sabéis, Nínive, donde la ballena se tragó a Jonás.

Pero esta no es una historia de ballenas. (Aún).

Es una historia de perros.

¿De esos dos perros?
Sí.
¿Qué hacen aquí?
Ahora te lo cuento.
A mí me parecen unos perros corrientes.
Siempre hay más de lo que vemos a simple vista.
¿De qué hablas?
Siéntate bajo los árboles y escucha.

Érase una vez dos perros que antes de ser perros eran los hermanos humanos del hombre que ahora los lleva de la correa. Su padre murió y dejó su herencia repartida entre los tres. Pero solo uno de los hermanos continuó trabajando duro.

Los otros dos se lo gastaron todo. No volvió a saberse de ellos mientras su hermano levantaba un negocio con esfuerzo.

Y entonces volvieron.

Más de una vez.

Más de una vez este buen hombre comparte lo que tiene con ellos. Ellos hacen una reverencia, le dan las gracias y cada uno se va por su lado.

De nuevo, regresan como mendigos.

En esta ocasión, el hombre viaja con ellos y apareja un barco. Compra y vende mercancías. Todo el mundo lo aprecia porque es honrado. La gente confía en él.

Con mirada avispada, sus hermanos observan cómo lo hace. Intentan imitarlo. Todos saben que son unos embaucadores.

No importa. ¿Qué más da? El viaje ha ido a las mil maravillas. El barco va cargado de tesoros. Han hecho más ganancias de las que necesitan. Varias vidas enteras de comodidades flotan sobre las olas de camino a casa.

No se necesita nada más. Son todos hombres ricos.

Pero noche tras noche en el barco, en su forma humana, los dos hermanos se quedan levantados hasta tarde, hablando y bebiendo. La envidia los corroe. Lo quieren todo para ellos. Mientras el otro hermano viva, ¿cuál es la verdad? La verdad es que son un par de inútiles. Solo cuando él desaparezca podrán reclamar todo el éxito, todo el prestigio. No se trata de dinero. De momento al menos.

Continúan bebiendo y contemplan el mar negro. Acuerdan que lo arrojarán por la borda mientras duerme. A él y a su amante esposa. Sí, durante sus viajes, ha conocido a una mujer y se ha enamorado. Se les revuelve el estómago.

¿Por qué debería ser todo para él? Dinero y amor.

Envidian el amor verdadero, pues ellos solo pueden comprar el sucedáneo que ofrecen las chicas de los ojos pintados con kohl. Ese tipo de amor es caro. No entienden que lo que se entrega libremente no puede comprarse.

Ya han vertido una pócima para dormir en el vino que la pareja ha compartido durante la cena.

Provistos de un farol. Bajan con cautela hasta las entrañas del barco. Los levantan en sus brazos, uno a cada uno; qué poco pesan. Tal vez porque no arrastran cargos de conciencia.

¿Listos?

¡PLOF!

¡PLOF!

Hacia las profundidades del mar descienden el buen y amable hermano y su amorosa mujer. Él se despierta, traga agua salada, lucha por su vida, los peces rodean su cuerpo. El barco debe de estar hundiéndose, piensa. ¿Es esto el final?

Pero aún no ha acabado.

Nota dos brazos fuertes que lo envuelven y al instante lo alzan en el aire, gotas de agua cayendo de su cuerpo como si fueran chispas mientras lo llevan a una isla donde se encontrará a salvo.

Aterriza con suma suavidad, igual que se deposita a un niño, y sus pies mojados se cubren de arena.

Ahí está su mujer, pero es y no es su mujer. Se parece a ella, pero es enorme y su cuerpo brilla.

Ah... Ya...

Comprende que su esposa no es una mujer mortal. Es una ifrita. Una ifrita que ha salvado a ambos. Aunque ahora clama venganza.

Raudo, ruega por sus hermanos; raudo, le suplica que cambie de opinión. ¡No los mates!

Ella le pasa una mano por los ojos y él cae dormido. La ifrita lo cubre con su propia capa.

Ya sabe qué hacer.

Dado que esos hermanos en forma humana codician todo cuanto ven, que se conviertan en lebreles de vista aguda. Que vean lo que nunca más volverá a pertenecerles: un cuerpo fuerte y erguido. Que aprendan a ser fieles.

Entretanto, los hermanos con forma humana han continuado el viaje en barco hasta casa. Tan pronto como descienden por la pasarela cargados de riquezas, notan que los brazos se alargan, la columna se acorta, las piernas se contraen. La piel se les cubre de pelo, la lengua se afila y adopta un color pardo rosado. Los dos se vuelven para hablar, pero solo emiten un gemido y un ladrido.

Los hombres que están descargando el barco huyen despavoridos, y al poco se decreta que la mercancía llevada a casa con éxito sea almacenada, y que solo se gaste lo justo para alimentar a los hermanos —que ahora tienen apariencia de perro— con una ración diaria de carne.

También se disponen agua limpia y paja en un pequeño cobertizo junto a la tienda del hermano ausente. A lo mejor algún día vuelve a casa y todo se aclara.

Una mujer les cepilla el pelaje una vez a la semana.

Después de una serie de aventuras y estratagemas, el buen hombre consigue volver a casa, y cuando llega a Bagdad, allí, junto a su tienda cerrada, encuentra a dos *salukis* con unos fastuosos collares.

Los reconoce al instante. Sabe qué es real y qué es falso.

Les cambia el agua. Ellos trotan a su lado de camino al carnicero. Al fin y al cabo, así es la vida.

El tiempo pasa. Como siempre. Nada cambia. ¿Por qué habría de hacerlo?

Los lebreles parecen contentos en su compañía. Sin embargo, algo perturba el espíritu del buen hombre.

Él nunca quiso aventuras. No deseaba tomar decisiones difíciles. Lo único que quería era ganarse la vida. Ha leído sobre los héroes y él no es uno de ellos. Se pregunta cómo es posible que llegara a casarse con una ifrita. Por qué una criatura como ella querría a un hombre normal y corriente como él.

Además, ¿dónde está? La echa de menos.

Al cabo de un año y un día, decide volver a viajar en busca de su esposa.

Pero no se fía del mar, así que viaja a pie, con sus hermanos con forma animal a su lado.

Y ahí está ahora.

Mientras escucha la historia, en el desierto, el mercader que pronto morirá asiente. Lo entiende. El anciano también.

Pero el sanguinario ifrit blande su cimitarra y le pregunta al viajero:

—¿Por qué ayudas a esos animales despreciables?

El buen hombre inclina la cabeza. Solo hay una respuesta.

—Por amor. La fuerza transformadora más poderosa que existe. El amor que te cambia. El amor que me cambia. El amor que encuentra el perdón donde no lo hay.

El ifrit baja el alfanje

Las *Noches* se abren con el comienzo más sombrío que una mente puede inventar.

Una mujer usa tácticas dilatorias para conservar la vida en un intento por retrasar la decisión final que acarreará su muerte, y para ello solo puede valerse de su ingenio.

No se trata de una historia de amor.

¿O sí?

Las historias de transformaciones que encontramos al principio de las *Noches* giran en torno a fracasos amorosos.

El amor fracasa de innumerables maneras. Los seres humanos hacen trampa, mienten, traicionan, decepcionan, hieren, se aprovechan de otros, huyen, se niegan a asumir las responsabilidades que conlleva el amor. Y aun así, en todas las culturas, en todas las épocas, el amor se presenta como lo más valioso de todo. No me refiero solo al amor romántico. Hablo también del amor de una madre por sus hijos. El de un patriota por su país. El del paladín de una causa que se arriesga a la cárcel o la muerte.

Todas las religiones se consideran a sí mismas religiones de amor, aunque tengan un pasado, y un presente perpetuo, de persecución de todo aquel que discrepe de ellas.

Es un tipo de amor un tanto extraño.

Shahriar es un hombre que se resiente de las sibilinas escoceduras del amor. ¿Amaba a su infiel mujer? ¿Quién sabe? Lo que sí sabemos es que su amor propio no tiene rival. El principal problema del poder es que mora en palacios donde no hay espejos. La autorreflexión es la primera causa de muerte de la omnipotencia. La siguiente es el amor.

El sultán no puede estar más alejado del amor al inicio de las *Noches*. Su batalla sangrienta es contra el amor en sí. Tras haber sido engañado, debe cavar un foso de sangre alrededor de su corazón. Los actos sexuales que practica cada noche con una adolescente temblorosa no se corresponden con el comportamiento de un hombre deseoso de que se enamoren de él. ¿Por qué habría de molestarse una mujer, ninguna mujer, en salvar a alguien como Shahriar? Salvarlo de él mismo. No lo merece.

Y, sin embargo, a medida que avanza en su empeño, Shahrazad lo salvará, al igual que a las jóvenes y mujeres cuyas vidas dependen de su éxito.

No es que Shahrazad tenga intención de salvar a Shahriar de su corazón vacío, no al menos al principio.

Pero las historias son así. Saben más que nosotros. Hacen más de lo que sabemos.

Lo que arriesgas revela lo que valoras

Un pescador bajó hasta la orilla. Tenía su rutina. Era un hombre metódico.

Lanzaba la red cuatro veces al día y se contentaba con lo que pescara. Había que alimentar a la familia y hacer algo de dinero.

Esa mañana, el cielo estaba nublado. El mar, picado. Tenía que apresurarse. Conocía el mar tan bien como a su propia familia. Sus cambios de humor, sus turbulencias, los días tranquilos en que los peces saltaban a la red. Esa mañana, las olas se abalanzaban sobre él con mala intención y le azotaban las piernas desnudas. Se metió en el agua, lanzó la red cien veces remendada y esperó a que se hundiera, hasta que pudiera tirar de ella.

¿Qué es eso?

Había atrapado algo pesado. Estiró y forcejeó y finalmente logró remolcar la captura a tierra.

¡Maldita sea! Un burro muerto.

Venga, otra vez.

Lanzó de nuevo la red con un movimiento rápido de la muñeca. Esta vez llegó más lejos.

¿Y ahora qué?

La red se tensa. Hay algo atrapado en ella. El hombre se da la vuelta y tira, arrastrándola de espaldas. En la orilla, examina su captura.

Ay, qué sinsentido. Son solo sacos sucios llenos de arena mojada.

A la tercera va la vencida.

Esta vez se adentra más. Las aguas poco profundas están demasiado turbias, pero allá a lo lejos... sí, ha visto un destello. Es un banco de peces. ¿Qué más puede pedir?

Bendice las relucientes aguas y el mundo entero.

Tira y arrastra y arrastra y tira y nota un calor en los hombros. Tiene los pies enterrados en la movediza arena.

Acarrea la red hasta la orilla lo mejor que puede y repara en varios desgarrones, aunque no los ha causado el peso de un banco de peces. Su gran tesoro no es más que quincalla oxidada y desperdicios enredados en la trama.

Es la historia de su vida. Mucho trabajo para prácticamente nada.

Vuelve a casa.

Mientras recoge la triste red, recuerda que solo la ha lanzado tres veces, así que debe hacerlo una cuarta. Un trato es un trato. Lo hizo consigo mismo y lo respeta, porque si no eres capaz de mantener la promesa que te haces a ti mismo, ¿qué promesa vas a mantener?

Aun si vuelvo a casa con las manos vacías y esta noche los niños pasan hambre, se dice, al menos volveré a casa sintiendo respeto por mí mismo.

La red está tan destrozada que no la lanza. En lugar de eso, se desnuda y se adentra nadando en las aguas turbias. No ve ni un palmo bajo la agitada superficie y está empezando a tronar en el horizonte.

Deja que la red se hunda. Lo único que necesita es una tortuga dirigiéndose a la orilla en busca de refugio.

De pronto, algo cae en la red. No muy pesado. No muy ligero. El hombre resbala y traga agua salada, pero vuelve a la playa arrastrando la carga tras él.

Una tortuga, seguro, piensa. La cocinaremos. La sangre de tortuga es dulce. La sopa de tortuga está buena.

Desnudo, en la orilla, con los dedos insensibilizados por la sal y los cortes, saca un cuchillo de entre sus ropas y practica aún más tajos en la red para hacerse con el objeto. De todos modos habrá que remendarla para usarla el día siguiente, pero ya se encargará su hijo de eso.

El objeto es interesante; está incrustado de percebes y algas, pero es evidente que no se trata de una tortuga. Es una vasija. La raspa un poco con el cuchillo y logra arrancar los percebes hasta llegar al latón.

¡Latón!

¡Alabado sea Dios! La venderá en el mercado del cobre y le darán por ella suficiente dinero para una semana. Da las gracias a Alá por recordarle que no se rindiera.

No hay mal que por bien no venga, dice, y va añadiendo todos los refranes que ha oído alguna vez: después de la tormenta viene la calma... Dios aprieta pero no ahoga... cuando una puerta se cierra, otra se abre... nunca es tarde si la dicha es buena...

Mientras los recita, continúa rascando con el cuchillito hasta que ve que la boca de la vasija está cerrada con un tapón de plomo, y al limpiarlo con su raída chaqueta descubre el sello de Salomón.

Esto sí que es un premio.

No se percata de que el cielo cada vez está más negro. No se percata de que las olas alcanzan la altura de las casas. No se percata de que todo su cuerpo se estremece. Trata de abrir la tapa hasta que la afloja lo suficiente para meter la hoja del cuchillo por debajo.

¡Allá vamos!

¡Joyas! ¡Oro!

No... vapor... ¿qué? Una nube de vapor como el del caldero donde se calienta el agua de los baños rituales. Este es rojo y azul. Es más espeso que el vapor. Es como una humareda que se hace sólida. Alcanza el cielo como un tornado denso, pero el hombre no logra atisbar tan arriba, lo único que ve son un par de pies enormes y descalzos. Unas pantorrillas como troncos de árboles. Unos muslos como montañas.

Se agacha y baja la cabeza, temblando.

Una mano desciende y lo atrapa. Lo acuna en la palma como a un gorrión frente a los ojos rojos de un ifrit.

—¡Esclavo! —brama el ifrit—. Voy a matarte. ¡Decide cómo deseas morir!

El pescador se estremece de tal manera que apenas logra hablar.

Aun así, la indignación se impone al terror.

—¡Ifrit! ¡Te he liberado! —dice—. ¿Por qué pagas bondad con sufrimiento?

—¡Esclavo! He vivido en esa vasija infecta durante mil ochocientos años —replica el ifrit—. Cuando el rey Salomón en persona me encerró en ella, juré servir fielmente a la primera persona que me liberara.

»Tras quinientos años, juré cubrir de riquezas a quien me liberara.

»Al cabo de otros quinientos años, prometí conceder tres deseos a quien me liberara.

»Ahora, ha pasado tanto tiempo que he jurado matar a quien me libere, en venganza por mi castigo.

—¡Pero no fui yo quien te castigó! —grita el pescador.

—¡No importa! —contesta el ifrit—. Prepárate para morir.

El pescador se dio cuenta de pronto de que tenía la mente tan serena y clara como espumoso y agitado se encontraba el mar a sus pies. Aún le quedaba una oportunidad. Su ingenio.

—¡Ifrit! Acepto mi sino —dijo—. Déjame en el suelo y túmbate en la arena con la vasija entre los dos.

La tierra se estremeció cuando el ifrit se tendió en el suelo. Estirado, las piernas y el torso llegaban hasta el pueblo siguiente. Los poderosos brazos formaban un ángulo recto con su enorme cabeza. Le brillaban los ojos.

El pescador cogió la vasija y la estudió.

—¡Ifrit! Aseguras que estuviste prisionero en esta vasija, y aun así, ni aunque pusieras las manos juntas en oración cabrían estas en su interior. ¡Por el profeta que estás mintiéndome! Has aparecido de la nada para engañarme.

El ifrit rugió lleno de rabia.

—¿Cómo te atreves a acusarme de mentir?

—Bueno, pues mátame como te plazca —dijo el pescador—, pero antes, por el sello de Salomón, ¡concédeme un último deseo y demuéstrame que has salido de esa vasija!

Al ifrit le asustó la mención del sello de Salomón, y aparte era vanidoso; además, no había hablado con nadie desde hacía mil ochocientos años, de modo que había olvidado cómo se hacía. No se le ocurrió que podía hallarse ante la voz zalamera de un embaucador.

No deseaba discutir, así que se puso en pie y dio una patada contra el suelo.

—¡Esclavo! Prepárate para morir, pero primero...

El ifrit empezó a girar como un torbellino, cada vez más rápido, sus colores irisados fundiéndose a blanco, un blanco que desprendía chispas y que, a medida que ardía, se tornaba menos sólido, una especie de velo en llamas, transparente y titilante, que fue absorbido por la vasija hasta que en la superficie solo quedó una espuma burbujeante que chisporroteaba.

Veloz como el rayo, el pescador cogió el sello con la marca de Salomón y lo encajó en el cuello de la vasija, sobre la que se sentó rezando a Dios para que lo salvara.

El ifrit comprendió lo que había ocurrido. La vasija se sacudió con tanta fuerza con sus lamentos que el pescador se temió lo peor. Pero el sello era mágico, así que el ifrit no pudo escapar.

—¡Ifrit! ¡Esto es lo que te mereces por pretender hacer daño a un inocente!

Shahrazad interrumpe la historia. La mañana apunta en el horizonte.

Un tema recurrente en las *Noches* es el daño infligido a inocentes. Este motivo se dirige, ante todo, al sanguinario sultán Shahriar, empeñado en castigar a todas las mujeres por las acciones de su esposa.

Sin embargo, todo lo que el sultán oye, también lo oímos nosotros. Lo que él debe considerar, también debemos hacerlo nosotros.

La guerra de Shahriar contra las mujeres sigue en curso. Las libertades conseguidas por las mujeres a lo largo de los últimos ciento veinte años en Occidente han prendido una llama furibunda entre los hombres inseguros incapaces de aceptar que la biología no marca el destino.

Los ataques físicos, verbales, políticos y jurídicos contra el derecho de las mujeres a ser ellas mismas y ejercer su libertad de acción en el mundo aumentan a un ritmo alarmante.

Aun así, cuando leemos los desvaríos de hombres blancos bien financiados, como los que están detrás del Proyecto 2025 de Estados Unidos (los métodos anticonceptivos son «una serpiente que estrangula a la familia americana», dice Kevin Roberts); o vemos cómo millones de chicos adolescentes siguen en internet a agitadores ricos que odian a las mujeres; u oímos los lloriqueos de las subculturas misóginas *incel* y de los mal llamados grupos «provida»; y observamos con horror lo que les ocurre a las mujeres y las chicas en Afganistán con los talibanes, o en la «moderna» Turquía, donde el 40 por ciento de las mujeres sufre violencia doméstica (fuente: Human Rights Watch 2022), ¿qué podemos concluir?

La guerra de género es la guerra más antigua del mundo. Y la más peligrosa. Más de la mitad del mundo está compuesta por mujeres. La única manera de discriminar a una mayoría de tal magnitud es utilizar la biología básica para justificar una ideología sin fundamento. Y todos conocemos las consecuencias: limitación y restricción de la conducta, la educación y las oportunidades. Una base pseudocientífica sobre la que sostener el falso estatus de segunda clase de las mujeres, presentada con solemnidad como lo que la naturaleza ha dispuesto. Aceptar semejante disparate allana el camino para cruzar la línea que separa los estereotipos de género de los estereotipos raciales.

La religión tiene una larga trayectoria de apoyo a ambas clases de prejuicios, además de una pasmosa facilidad para discriminar a cualquiera, hombre o mujer, que rinda culto a otro dios del cielo, o a ninguno.

¿Por qué los seres humanos siempre buscamos pelea?

En Estados Unidos, la libertad de culto y la tolerancia religiosa eran pilares de la independencia; de hecho, el deseo de poder disfrutar de esa libertad de culto, y de la vida que conllevaba, fue lo que impulsó a los puritanos a partir de Inglaterra y cruzar el océano en 1630.

Es cierto que ellos no toleraban nada ni a nadie que no formara parte de su culto, pero para la época de la Declaración de Independencia (1776), los nuevos estadounidenses soñaban con optimismo con un país más amplio e inclusivo y menos jerárquico. No para los pueblos indígenas ni para las personas de color ni para las mujeres —el progreso es lento—, pero el suyo fue un modelo de libertad de elección innovador y eso debemos reconocérselo, igual que ellos intentaron que se reconociera la soberanía individual. Por fin existía una república donde los que trabajaran duro y se anduvieran con ojo podían aspirar, legítimamente, a labrarse una vida que valiera la pena. Una vida que no dependiese de la lotería del nacimiento. Ningún rico en su castillo, ningún pobre a su puerta.

En aquel momento, no se trataba de una fantasía.

Los estadounidenses aún creen que viven en la tierra de las oportunidades, pero la derecha radical, y sin ningún pudor la religiosa, no extienden la oferta de labrarse una vida propia como cada uno desee a nadie que no encaje en una visión de la raza, el género y la naturaleza humana cada vez más estrecha e intolerante.

Hace poco me llamó la atención un eslogan. Sí, los evangelistas adoran los eslóganes, nuestra casa estaba empapelada con ellos. Ya sabéis: «Busca al Señor». «Velad y orad». «Piensa en Dios, no en el perro» (este era de la señora Winterson). El nuevo lema que vi rezaba: «La tolerancia no es uno de los Diez Mandamientos».

Semejante permiso para odiar me dejó desconcertada.

La tolerancia. ¿Qué significa?

La tolerancia es la capacidad de vivir y dejar vivir a los demás cuando se plantean opiniones y comportamientos que no compartimos. Aceptar la diferencia. Buscar lo bueno que tiene la persona de la que discrepas. Recordar que no eres perfecto y que ni tú ni tus creencias sois el patrón oro de los demás. No estamos hablando de abrirle la cabeza a ancianas, ni de abusar de niños, ni de no respetar los espacios públicos o infringir la ley. Todos debemos obedecer la ley si queremos vivir en una sociedad segura y civilizada. La tolerancia es una zona gris. Es donde ejercemos el autocontrol. Hablamos del toma y daca diario entre culturas y generaciones con respecto a la orientación sexual y si se profesa alguna fe o no.

Un poquito de «Let It Be».

Para los cristianos, la tolerancia se encuentra, efectivamente, en el segundo mandamiento.

¿No es así?

«Ama al prójimo como a ti mismo».

Estoy de acuerdo. Es difícil. Es el reto más difícil que existe. La yihad del islam. La lucha contra nuestros instintos más bajos. Esforzarse por hacer el bien. No hacer daño a los demás. Mostrar comprensión en vez de ira. O, si la ira está justificada, buscar soluciones, no solo castigos.

En el islam, la gran yihad siempre es esa lucha con uno mismo. La batalla suprema. Centrarlo en el sexo, las drogas y el rock and roll es muy fácil. Centrarlo en el infiel es demasiado fácil. Todas las religiones se mueren por odiar al infiel, ese que no profesa su fe. Mientras le damos una paliza no tenemos que preocuparnos por nosotros mismos. La culpa de que el reino de Dios no esté en la tierra es de los «otros», y cuando los hayamos matado, o encarcelado, o deportado, u obligado a convertirse, todo irá bien.

¿Os suena de algo?

Con la política ocurre lo mismo. La culpa de cómo están las cosas siempre la tienen los otros.

Hitler llamaba a los judíos «parásitos», «piojosos», «alimañas». «Alimañas» es una palabra que Donald Trump también ha usado para describir a aquellos a los que etiqueta de «chalados de la izquierda radical». O personas con «malos genes».

En 1955, la Stasi de la Alemania Oriental, la policía secreta, trabajó de manera encubierta para retirar a los activistas de la frontera con Alemania Occidental. Llamaron a la campaña Operación Alimaña.

Mao Zedong tildaba a sus oponentes políticos de «malas hierbas venenosas».

Netanyahu insiste en que al cometer un genocidio en Gaza está defendiendo la civilización occidental de los «terroristas».

Los bebés y los niños no son terroristas.

El enemigo no está justo/siempre/solo en el exterior. El enemigo está dentro. ¿Qué tipo de persona eres? ¿Cuáles son tus valores? ¿Por qué estás dispuesto a luchar? Y ¿quién controla a ese «tú» que con tanta seguridad los señala a «ellos» como el problema?

Hay muchos enemigos en el exterior —puede que unos padres negligentes/crueles, un jefe psicópata, una pareja controladora—, y aunque esos sujetos ya son lo bastante horribles en la realidad, se vuelven realmente poderosos cuando residen, sin haber sido invitados y en contra de tu voluntad, sin pagar alquiler, en nuestras mentes. En el momento en que interiorizamos a esos abusones dañinos, su poder destruye el espíritu luminoso que somos... o podríamos ser.

No importa lo que defiendas, no importa lo bien que te vaya la vida, hay una guerra que tarde o temprano volverá a estallar en su lugar de origen.

En tu interior.

Mi madre era una persona introvertida e insatisfecha, incapaz de centrarse en su propia vida, con toda su derrota y amargura. Prefería centrarse en la vida de los demás. Y culparlos.

Era un hogar evangélico ultrarreligioso y la señora Winterson no toleraba a nadie. Y a sus vecinos menos que a nadie.

Hay un versículo de Isaías que, refiriéndose a nuestros pecados, dice que Dios los borrará, un mensaje optimista, hasta cierto punto. Para la señora Winterson, sin embargo, esas palabras no aludían a los pecados, sino a las personas que habitaban el mundo. Dios las borraría.

Anhelaba la llegada del Segundo Advenimiento, el «mejor día de todos» en versión *Barbie* del calendario evangelista. Después de eso, todos los días serían exactamente iguales y nadie sería infeliz, ni moriría, ni se le caería el pelo, ni el mundo encima, porque todos los enemigos, todos los «otros», por fin serían borrados de la faz de la tierra.

A juicio de la señora Winterson, nuestra calle estaba invadida por ateos, y por si fuera poco, algunos no estaban casados, otros no tenían trabajo, otros tenían un tocadiscos en el que sonaban los Rolling Stones a toda pastilla y le recordaban que nunca estaba satisfecha, y la del rosario colgado en la ventana era católica, y algunas eran solteronas con gatos.

Una visita al centro era lo mismo que un viaje dantesco a través de varios círculos del infierno (en la tierra).

Pasábamos por Woolworths. «Un antro de vicio». Pasábamos por Marks and Spencer. «Los judíos mataron a Jesucristo». Pasábamos por la funeraria y la tienda de empanadas. «Comparten el horno». Pasábamos por delante del puesto de galletas con sus dueños de cara redonda. «Incesto». Pasábamos por la tienda de mascotas. «Bestialismo». Pasábamos por el banco. «Usura». Pasábamos por la Citizen's Advice Bureau, donde se ofrecía asesoramiento al ciudadano. «Comunistas». Pasábamos por la guardería. «Madres solteras». Pasábamos por la peluquería. «Vanidad».

No creo que hubiera leído *A puerta cerrada*, la obra de teatro de Jean-Paul Sartre, pero coincidiría con él en que el infierno son los demás.

No importaba, el incinerador del juicio final se encendería en cualquier momento.

En el Nuevo Testamento, un legista sabelotodo le pregunta a Jesús qué significa el segundo mandamiento: ¿Quién es mi prójimo? ¿Debo querer a esa persona? Y no solo querer... sino ¿querer de la manera en que me quiero a mí?

Jesús le cuenta la famosa historia del buen samaritano. A un tipo le han robado y le han dado una paliza. Todos los que pasan por su lado lo ignoran por completo, se quejan de que últimamente hay mucha violencia, de cómo están las cosas en las calles, de que no hay ni ley ni orden, y luego continúan su camino. Salvo un natural de Samaria, un agujero infecto donde no vive la gente de bien. Esa persona ayuda al tipo al que le han dado la paliza, lo lleva a una posada para que pueda descansar y corre con todos los gastos.

Jesús está diciendo que cualquiera que necesite mi ayuda es mi prójimo. Tanto si se trata de ayuda material, de aceptación, de estrechar la mano para superar la brecha o de dar la bienvenida a lo que nos incomoda.

Lo que la historia nos muestra es que eso no es lo que suele ocurrir. Es más fácil chascar la lengua, sacudir la cabeza y no hacer nada. O culpar.

Si en nuestro fuero interno pensamos: se lo han buscado/qué esperan/vestirse así/besarse en público/qué hartura de chilabas/

deberían hablar nuestra lengua/que se vuelvan a su casa/esto es una gran ciudad, espabila/tengo prisa, etc., reducimos nuestra humanidad común a la lista de quienes merece nuestra tolerancia, nuestra mano amiga, y quienes no. Los victorianos lo hicieron en grado superlativo con sus pobres dignos e indignos.

Las *Noches* de Shahrazad empiezan con alguien inocente sufriendo un daño que no merece. La historia de Jesús muestra un daño material sufrido por alguien que no lo merecía. Con demasiada frecuencia nos justificamos cuando causamos un perjuicio a alguien de manera activa o cuando, por omisión, no prestamos ayuda. Tratamos de convencernos de que, bueno, quizá se merecieran lo que les ha ocurrido.

Lo vemos a diario cuando se trata de violencia contra las mujeres. ¿Fue ella quien lo provocó? ¿Qué llevaba puesto? ¿Sale con otra persona?

¿Es guapa? ¿Es fea? ¿Te ignoró? Es bollera. Solo la han contratado porque es mujer.

O podríamos adoptar la visión extrema de Shahriar, la de que todas las mujeres «merecen» ser castigadas porque todas las mujeres son iguales.

Così fan tutte (1790), la ópera de Mozart. Eso es lo que significa. Todas son iguales.

Mozart no era un radical, y menos un feminista radical, ni tampoco su libretista Da Ponte. Eran hombres de su época. Aun así, lo que se escribió como una ópera cómica —en la que se demuestra más allá de toda duda que no se puede confiar en las mujeres— ha sobrevivido hasta nuestros días para exponer una visión distinta de las mujeres (y los hombres), realmente radical.

Las mujeres no son apuestas en la mesa de juego. El amor no es un envite entre hermanos. La fidelidad es un contrato; es decir, en el acuerdo participa más de una sola parte. A los ancianos cínicos no puede confiárseles aquello que envidian (amor y juventud).

Si no conocéis la historia, es la siguiente:

Ferrando y Guglielmo están enamorados de Dorabella y Fiordiligi respectivamente. Un anciano de dudosa reputación, Don Alfonso, convence a los jóvenes para que simulen que se van a la guerra y luego vuelvan en secreto y disfrazados, como un par de extraños, a fin de comprobar si son capaces de enamorar cada uno a la amada del otro. Las mujeres son todas iguales, en todas partes, afirma Don Alfonso; una mujer fiel es algo tan raro como la mítica ave fénix.

Los jóvenes necios aceptan la apuesta. Lo que ocurre cuando regresan disfrazados resulta cómico, aunque muy triste, ya que las dos mujeres, por razones distintas y de maneras diferentes, se enamoran poco a poco de su nuevo pretendiente.

La historia, y la apuesta, obvian por completo la realidad de la vida del soldado. Las mujeres saben que hay trabajadoras sexuales en todas las plazas fuertes. Todo el mundo es consciente de que estos muchachos pasionales no serían fieles a sus lejanas prometidas ni cinco minutos. Pero los hombres no le darían importancia a algo así y esperarían que sus futuras esposas tampoco lo hicieran.

Ahora bien, desde una perspectiva moderna, lo que describe la ópera nos parece mucho más triste de lo que nos habría parecido cuando el comportamiento atribuido al género era algo aceptado como un hecho natural —*lo que es*—, algo así dispuesto por Dios, da igual el dios que escojas.

¿Y qué es lo que vemos aquí? A hombres poniendo a prueba a mujeres mientras ellos no se someten al mismo tipo de examen. Vemos a las mujeres sentirse halagadas ante la verdadera atención que, por una vez, reciben. Encantadas de que las cortejen por ellas mismas, no como esposas convenientes o trofeos, sino como seres humanos con sentimientos complejos. Sin embargo, cuando las cosas empiezan a cuajar —más o menos— y se supone que todos deben aceptar el amargo resultado del juego, no nos reímos. ¿Cómo vamos a hacerlo? Los cuatro jóvenes han quedado destrozados.

Lo más extraño de todo, al menos para mí, es que al principio de la ópera son las mujeres las que fingen: siguen el guion al pie de la letra, repiten las frases de siempre, se pintan las uñas, suspiran, comprueban si tienen mensajes y ansían convertirse en esposas tradicionales. Los chicos, bueno, hacen cosas de chicos. Los hombres son personajes. Las mujeres son clichés.

Pero después, a medida que se desarrolla la historia, cuando son los chicos los que se disfrazan e interpretan un papel, las dos jóvenes tienen la oportunidad de ser ellas mismas, quienes son en realidad y cada una distinta de la otra; de hecho, apenas tienen nada en común. Abandonan los clichés. Hablan con el corazón, no siguen el guion. Este es el verdadero desenmascaramiento.

Es una inversión absoluta y resulta sorprendente.

¿Creo que era lo que Mozart/Da Ponte pretendían?

¡En absoluto! Ellos solo se divertían y componían música. Ni *Così* está escrita con una perspectiva woke ni es mi intención introducirla en el libreto.

Sin embargo, lo que a menudo descubrimos en el arte, en cualquier arte, en cualquier expresión artística, en tanto que perdura y sobrevive al paso del tiempo, es que el público posterior ve, oye y comprende las cosas de manera diferente porque la sociedad se ha transformado. La obra es la misma, somos nosotros los que hemos cambiado. Lo que propongo no es forzar una visión ni leer lo que no está ahí... solo descubrir una riqueza que ha estado ahí desde el principio, porque el arte siempre es más grande que el artista. Siempre es más grande que el momento en que se crea.

Una verdad curiosa.

Por eso resulta inútil cancelar a escritores/artistas cuyos puntos de vista personales, propios de su época, nos incomodan en la actualidad. No vamos a casarnos con ellos. No queremos hacer un nuevo amigo del alma. No estamos deslizando el dedo a la derecha o a la izquierda en una app de citas. La obra en sí misma trasciende los límites de la mente o la moralidad de la persona que la creó.

En ocasiones, en una representación teatral, un director puede sacar a relucir algo que no se ha visto en producciones anteriores. Cuando resulta gratuito, cosa que detesto, suele responder al deseo de llamar la atención, y, por lo general, a haber tomado el camino fácil. Demuestra que no se ha llevado a cabo una lectura lo bastante profunda en busca de algo en lo que el texto probablemente abunda.

Cuando vemos que la novedad surge de dentro, y la reconocemos, nos resulta desconcertante. Sobre todo si creemos que conocemos la obra muy bien.

¿La conocemos en realidad?

Me encanta la literatura actual. Es oxígeno. Pero resulta igual de importante experimentar la vida fuera de lo contemporáneo, más allá de las novedades que acaban de llegar a las estanterías y, sin duda alguna, más allá de las noticias, porque cuando retrocedemos en el tiempo, a través de la literatura o de cualquier arte, se nos concede el poder de la visión doble.

De manera simultánea, vemos que el pasado no es el presente disfrazado de drama de época, el pasado es *diferente*. El pasado, de manera patente, no es el ahora. Esa es mi decepción cuando veo tanto «contenido» de drama de época en televisión. No tiene nada que ver con el pasado; por lo tanto, no nos lleva a ninguna parte salvo aquí.

La ventaja de la visión doble es la siguiente: al mismo tiempo que vemos las diferencias del pasado —que no es ni mucho menos el presente—, también vemos lo difícil que resulta para el ser humano renunciar a una ideología disfrazada de una suerte de ley natural. Cuando el *statu quo* cambia, no ocurre porque sí, requiere de un gran trabajo, un trabajo inmenso, ya se trate de los derechos humanos, el sufragio femenino, los sindicatos o la educación para la clase obrera. Es más que un drama de época. No se trata de una cronología de las fuerzas de la historia, sino de seres humanos forzando la historia. Es crucial saberlo, porque en el presente, aquí y ahora, no estamos solos, aislados y a la deriva en el mar del tiempo. Estamos conectados con lo que ha ocurrido antes. Somos fruto de lo que ha ocurrido antes. Quién. Qué. Por qué. Dónde. Cuándo.

Y todos los cambios que se producen empiezan a ocurrir cuando un grupo de personas abren sus mentes a una realidad distinta. *¿Y si...?*

El arte ensancha la imaginación. Ser capaz de imaginarte en la piel de otras personas —incluidas aquellas a las que no querríamos conocer jamás en la vida real— nos conciencia acerca de lo que hay más allá de nuestra experiencia. No hay tiempo para experimentar demasiado en esta vida, y mucho de lo que sí experimentamos se pierde. O, en palabras de T. S. Eliot: «Vivimos la experiencia, pero no entendimos el significado».

Podría ser el paradigma de las redes sociales...

El arte está ahí para que centremos nuestra atención.

Cuando leo, salgo de la circunstancia en la que me encuentre y me adentro en una muy distinta. No importa si me identifico o siento rechazo. Si estoy de acuerdo o discrepo.

Leer las *Noches* a menudo resulta desconcertante. En la superficie, el nivel fácil, como una melodía tarareada, están las historias que lo mismo puedes leerles a tus hijos que contar alrededor del fuego. Cuando alguien pide una, dispones de muchas entre las que elegir.

Sin embargo, cuando te sumerges bajo la superficie, en las aguas profundas que conforman la sustancia de estos cuentos, te topas con la misma clase de dilemas a los que nos enfrentamos en nuestro mundo, los mismos juicios, sean temerarios o sensatos. El equilibrio entre el castigo y la clemencia.

El castigo es algo que todos entendemos. Hasta los niños pequeños, cuando oyen que han metido a la bruja en el horno o le han cortado la cabeza al ogro. Aplaudimos y nos gusta.

La clemencia, que surge de la compasión, que responde a una comprensión más profunda de la naturaleza humana, es algo que tenemos que aprender a entender. Creo que los seres humanos poseemos el instinto de perdonar; que lo hagamos, o si deberíamos hacerlo, es una cuestión ética. Y compleja.

¿Qué es el perdón? ¿Quién lo merece? Las religiones universales nos dicen que en el fondo nadie lo merece, en un sentido estricto, aunque Dios lo ofrezca y lo predique.

Uno de los pasajes más bellos del Nuevo Testamento habla de una mujer sorprendida en adulterio. Los fariseos quieren lapidarla, ese es el castigo. No para el hombre, por descontado, solo para la mujer. Jesús responde a su sed de sangre con lo siguiente: «El que esté libre de pecado que arroje la primera piedra».

Los talibanes disfrutan lapidando a mujeres, pero antes de que concluyamos que su interpretación del islam es abominable y que los países cristianos son maravillosos, hablemos del *slut-shaming* en internet, de la pornovenganza, de los *deepfakes*, de la cantidad de mujeres asesinadas por sus exparejas porque se enamoraron de otro hombre, de esa violencia contra las mujeres que no ha empezado a reconocerse por lo que es hasta hace muy poco: terrorismo.

Nathaniel Hawthorne escribió un libro acerca de esta cuestión ambientado en la Nueva Inglaterra puritana del siglo XVII. En *La letra escarlata* (1850), la joven Hester Prynne es condenada a llevar la A de adúltera alrededor del cuello para siempre. Su comunidad la rechaza, aun cuando su amante fuera el reverendo. Una historia que sigue siendo recurrente, que sigue siendo real. Taylor Swift incluyó el siguiente verso en la canción «Love Story»: *You were Romeo. I was a scarlet letter.* [Tú eras Romeo. Yo era una letra escarlata].

Con o sin Dios, las cuestiones del perdón, la clemencia o la compasión son cuestiones de incontables vidas.

Las personas más cercanas a nosotros suelen ser las que más daño nos hacen —o a las que más daño hacemos—, sea de manera inconsciente, creyéndose con derecho a ello, o de forma deliberada y en beneficio propio.

Este tipo de situaciones abundan a medida que nos adentramos en las *Noches*, y no porque se trate de un manual destinado a enseñarnos que nunca deberíamos confiar en las personas más cercanas a nosotros, sino para demostrar que todo el mundo, en todas partes, es susceptible de sentirse decepcionado, defraudado, traicionado o algo peor por las personas en las que debería poder confiar. Shahrazad está diciéndole a Shahriar: no eres el único, puede que seas el rey del mundo, pero *così fan tutti* (no en femenino plural, por favor, con el plural a secas es suficiente). Todos somos iguales.

Cuando era joven y aprendía a moverme sola por la vida, tenía claro que no podía confiar en las personas más cercanas a mí: mis padres.

Mi padre era un buen hombre, pero débil, y no estaba por la labor de hacer frente a mi compleja y emocionalmente dañada madre.

En cambio, yo sí estaba dispuesta a darle guerra, y ahí radicaba el problema. Nunca me callaba ni apechugaba con lo que fuese, se tratara de una paliza (la letra con sangre entra) o de un consejo críptico (nunca dejes que un chico te toque ahí abajo); guiándome por las coordenadas de la señora W., las rodillas femeninas eran zona de tentación. Luego estaban las estrambóticas reglas sobre la ropa (pana para los chicos, poliéster para las chicas). Aquel punto de fibras gruesas formaba parte de la locura por los materiales sintéticos que empezó después de la Segunda Guerra Mundial, junto con el nailon, la licra y el tergal.

La señora W. adoraba las prendas sintéticas —se secaban rápido y no necesitaban plancha—, así que mucha ropa era de nailon. El nailon es un producto de la década de 1930 que se impuso durante la Segunda Guerra Mundial como sustituto de la seda. Sobre todo para las medias femeninas. A la señora W. el nailon le parecía glamuroso por el nombre. Nueva York y Londres = Ny-lon. Es una etimología falsa, pero convenció a muchas amas de casa con un presupuesto reducido que buscaban el atractivo de una estrella de cine.

Por entonces, nadie sabía nada de la contaminación de los microplásticos. Las fibras sintéticas eran el material del futuro.

Lo que tiene el futuro es que, en tanto que los seres humanos formemos parte de él, los viejos problemas de siempre continuarán estando ahí, llevemos pieles de animales o elastán. Acrílico o cuero.

No importa si eres Shahriar o la señora Winterson. Tú o yo. Entonces o ahora.

¿En quién podemos confiar? ¿Quién nos quiere? ¿Nos sentimos seguros? Son cuestiones básicas. Cuando la respuesta es negativa, ¿cómo se sale adelante?

No soy una persona desconfiada, pero era una niña ansiosa y asustada que no sabía, porque no podía saberlo, que un hogar debería ser un lugar seguro.

Lo que sí descubrí, mientras leía, fue justo lo que Shahrazad trata de enseñarle a Shahriar: que el desengaño cruel es universal, pero no la única historia.

Cuando eres pequeño, lo que aprendes del amor llega a través de tu familia. Y cuando no es así, hemos de reaprenderlo más tarde. Porque la alternativa es la tiranía. La tiranía ejercida sobre los demás para que cedan a tus deseos. Y lo que tal vez sea peor, la tiranía ejercida sobre esa parte afectuosa de ti que trata de hacerse oír y sanar, una parte que debe ser desterrada, proscrita por miedo a sufrir más. Un tirano es alguien absoluto y desmedido.

En el amor, nunca somos absolutos, porque debemos tener en cuenta a los demás.

En el amor, siempre nos medimos, porque ponemos a los demás por delante.

En 1992 escribí una novela titulada *Escrito en el cuerpo*. La primera frase decía: «¿Por qué la pérdida es la medida del amor?».

Para mí, el amor solo podía entrañar una pérdida catastrófica. Primero, la de mi madre biológica, que hizo lo que pudo por salvarme del naufragio cuando ella aún no tenía ni diecisiete años. En el formulario de adopción declaró: «Mejor para Janet que tenga una madre y un padre».

A las madres solteras se las consideraba mujeres fáciles. Los hijos de familias monoparentales estaban estigmatizados. Lo he escrito en pasado, pero si los retroderechistas de Estados Unidos y Europa obtienen más poder, es donde volveremos a encontrarnos. Prohibición del aborto, métodos anticonceptivos restringidos, estigma y falta de apoyo para las familias monoparentales. Y por familia monoparental me refiero a las mujeres. A los hombres se les permite abandonar a sus hijos. Las madres son el progenitor del que se espera que no se vaya a ninguna parte.

Mi madre biológica se quedó embarazada de mí antes de que las mujeres solteras tuvieran acceso a la píldora. Podría decirse, y lo digo, que es una suerte que yo esté aquí. Podría decirse, y lo digo, que la situación en la que se encontró mi madre, con dieciséis años, no era la mejor.

Tuvo que entregarme en adopción, pero cuando la conocí, y eso que yo ya tenía cincuenta años, me dijo que nunca había dejado de pensar en mí y que siempre pasaba mi cumpleaños ella sola. Tenía otros dos hijos que no sabían nada de mí.

Eché de menos a esa madre. Su voz en el vientre materno. Su modo de andar. El día que nos vimos, resultó que caminábamos de manera idéntica. ¿Cómo es posible? En mi formulario de adopción estaba anotado que me había dado el pecho durante seis semanas. «Ahora con biberón». Echaba de menos su olor.

Su respiración. Su áspera suavidad. Su tamaño físico. Menuda y compacta, como yo.

La ausencia de los ausentes. No sabía qué sentía, solo que lo sentía. Unos sentimientos que carecían de validación, por no hablar de comprensión, y por eso aprendí a esconder los que no era capaz de gestionar, y aquellos de los que nadie quería saber nada.

Es lo que hacemos para sobrevivir.

Más adelante, aprendí a ocultar mi entusiasmo ante el vasto mundo que la lectura abrió para mí. Aprendí a mantener en secreto lo que sentía emocional y sexualmente por las chicas. Crecí pensando que la vida era un juego de disimulo.

En la década de 1960, en Gran Bretaña, así como en Europa y Estados Unidos, el disimulo resultaba esencial para mucha gente, sobre todo para las mujeres (oculta tu ambición, tu insatisfacción en la vida) y las personas homosexuales (oculta tu deseo). Los inmigrantes no podían ocultarse, de modo que no les quedaba otra opción que la integración o la confrontación.

No había mucho donde elegir.

Aun así, el cambio se aproximaba. La cultura pop, la cultura musical, la cultura joven, las artes. En gran parte de Europa y los Estados Unidos, la democracia social tras la guerra apuntaba en dirección contraria a las clases jerárquicas. El feminismo emprendió la labor de desmantelar las jerarquías de género construidas por el hombre. En Estados Unidos, el movimiento por los derechos civiles obligó a las personas blancas a enfrentarse a sus propios prejuicios. Las antiguas maneras de pensar ya no encajaban con los tiempos.

Yo me beneficié de esa liberalización. De la educación libre, de las oportunidades para las mujeres, de la financiación del arte como parte del orgullo nacional... Cosas que merecíamos todos y que hasta ese momento habían sido artículos de lujo para ricos.

Si no hubieran ocurrido todos esos enormes cambios sociales a mi alrededor, yo no habría podido estudiar en la Universidad de Oxford ni ganarme la vida como escritora. Sé que le debo mis oportunidades al trabajo político de otros, un trabajo que cimentó una infraestructura para aquellos que siempre habían quedado fuera: la clase obrera; las personas de color; las mujeres de cualquier color; incluso las pijas con dinero y familia, pero sin independencia.

Abrirse camino en la vida nunca depende únicamente de la valía y el trabajo duro.

Echo la vista atrás y me pregunto por qué nadie me dijo, cuando abrí mi primera cuenta corriente en 1979, que en el Reino Unido solo hacía cuatro años que las mujeres podían hacer ese tipo de gestiones sin necesidad de aval masculino. Con diecinueve años, tendría que haberlo sabido.

Mis padres nunca habían tenido cuenta corriente ni tarjeta de crédito. A mi padre le pagaban en metálico. Quizá por eso no lo sabía.

Aunque tampoco nadie me dijo que la cuota de admisión de mujeres en Oxford cuando fui a estudiar allí era del 30 por ciento. En esa época, solo el 14 por ciento de los jóvenes, hombres y mujeres, iban a la universidad, y la mayoría no procedía de escuelas públicas. Las cosas me habían ido bien. Eso tampoco me lo dijo nadie.

Ni siquiera me dijeron que se podía comprar combustible en la autopista —solo había viajado una vez por una—, así que llevaba garrafas de gasolina en la parte de atrás de la furgoneta para parar y llenar el depósito, en el arcén, con el motor en marcha.

No lo apagaba porque el alternador no era de fiar y cabía la posibilidad de que no volviera a arrancar.

La confianza en uno mismo puede llevarte muy lejos. Podría contar la historia de mi vida como una de «las siete tramas básicas». De la miseria a la riqueza. El niño pobre sale adelante.

¡Todo depende de uno mismo! ¡La sociedad es libre y justa!

Casi nadie —menos aún las mujeres—se gana la vida escribiendo libros a su manera y puede seguir haciéndolo cuarenta años después de empezar. De modo que sé que se trata de una excepción a la regla, y a la «derecha de cuento de hadas» le encanta la excepción a la regla.

Pero no todo se reduce a ser una excepción. Sí, trabajé duro («Con diligencia y prudencia se vence») y soy lista, pero más allá de mi mismidad algo más estaba ocurriendo. Algo mucho más importante que yo. Se había abierto una vía para los míos —la clase obrera, las mujeres de clase obrera—, una vía tan fabulosa como el camino por el que brincaba Dorothy. Hola, camino de baldosas amarillas.

Yo fui una de las afortunadas.

Miro a mi alrededor, casi cincuenta años después, y veo a mujeres trabajando muchísimas horas, corriendo a casa para encargarse del hogar, una ocupación a jornada completa en sí misma. Veo a profesores y bomberos, a enfermeros y conductores de autobús, y nadie llega a fin de mes. Personas que no pueden pagar el alquiler o la hipoteca. El uso de los bancos de alimentos se ha disparado. Veo a niños inteligentes, como lo era yo, que nunca disfrutarán de una educación superior porque no pueden arriesgarse a endeudarse.

¿Acaso son unos fracasados?

La mayoría de las personas no quieren ser la excepción a la regla. Lo del viaje del héroe no va con ellas. No se apuntaron al periplo. Lo que desean es tener un hogar, un trabajo, dinero suficiente para permitirse algo de ocio, pasar tiempo con la familia, la esperanza razonable de una vida mejor para sus hijos. ¿Por qué debería nadie ser excepcional para lograr unas recompensas tan sensatas y modestas?

En la playa, nuestro pescador no es excepcional. No desea una vida de lujos, solo lo suficiente para alimentar cada día a su familia y seguir adelante.

Y de repente debe escoger entre morir o convertirse en el héroe de su propia vida. Bueno, es un hecho que, cuando ocurre algo así, no hay muchas opciones.

El ifrit suplicó, rogó, trató de engatusarlo y lo amenazó, pero el pescador se mantuvo firme.

—¡Ifrit! No pienso dejarte salir. No, ni por asomo, porque tu traición no tiene excusa. Tú y yo somos como el rey Yunán y el sabio Ruyán.

La indignación se atenuó en el interior de la vasija. Las peligrosas sacudidas disminuyeron.

—¡Cuéntame esa historia! —dijo el ifrit.

Cuéntame esa historia

El rey Yunán tenía la lepra. No había remedio que diera resultado. Sus médicos probaban los métodos habituales. Mercurio. Emplastos de piel de lagarto. Oro. Veneno de abeja. Baños en sangre de cordero. Cantos y salmodias.

El rey se debilitaba. Su visir tomaba todas las decisiones del día a día por él.

No había esperanza.

Y entonces...

Un hombre de edad incierta llegó al reino a caballo. Su nombre enseguida empezó a correr de boca en boca, pues curaba a niños enfermos y purificaba pozos envenenados. No deseaba ningún pago por sus servicios. Lo llamaban el sabio Ruyán.

Cuando el rey oyó hablar de Ruyán, lo hizo llamar a palacio.

Para entonces el monarca estaba cubierto de las lesiones propias de la enfermedad y hacía tiempo que había perdido la sensibilidad en pies y piernas.

Ruyán se fue y comenzó a mezclar pociones y brebajes que el rey debía tomar con cada comida. El visir no creía en nada de todo aquello, pero el rey había probado ya tantas otras cosas sin éxito que siguió las instrucciones de aquel extraño y silencioso hombre que no pedía remuneración alguna.

Al cabo de un tiempo, el rey empezó a recuperarse. Las lesiones mejoraron y se secaron. Volvió a tener la piel inmaculada. Un día, el monarca tropezó con una bailarina y se golpeó la espinilla con un tambor. Al tiempo que maldecía y pateaba a la pobre chica por haber sido tan boba como para interponerse en su camino, se dio cuenta de que era sensible al dolor. Podía sentirlo. Volvió a patear a la joven para comprobarlo, y sí, era evidente que le escocía y le dolía.

Aplaudió. La chica se alejó renqueando. El rey hizo llamar al visir.

—¡Visir! Tráeme al sabio Ruyán.

A su pesar, el visir envió a un sirviente a la tienda de Ruyán. El médico acababa de cocinar un pollo con granadas y no quiso ir a palacio. Acordó que se presentaría al cabo de una hora.

—¿Quién te crees que eres? —le recriminó el visir—. ¿Acudes cuando te place?

Ruyán se encogió de hombros.

—Sé quién soy. Soy Ruyán. Y también sé quién eres tú.

El visir lo miró fijamente con ánimo sombrío.

El rey insistió en recompensar a Ruyán con tesoros y esclavos, lo que el hombre agradeció con educación antes de regresar a su tienda para comerse el postre.

A raíz de aquello, el monarca quiso convertir a Ruyán en su consejero y confidente. Un hombre tan sabio y tan desinteresado era lo que el reino necesitaba.

El visir inició su campaña. Sabía que cuando alguien repite algo lo suficiente, la gente empieza a creerlo.

Ruyán era irreverente. No acudía cuando se lo convocaba.

El rey se encogió de hombros.

Ruyán era maleducado. No se inclinaba ante el visir.

El rey se echó a reír.

Ruyán era un anarquista. Había liberado a sus esclavos.

El rey dijo que Ruyán podía hacer cuanto le placiera con sus propios esclavos.

Ruyán era un despilfarrador. Había repartido el dinero del rey entre los pobres.

—Alá es generoso —dijo el monarca.

—¡Rey de mil vidas! —repuso el visir—. Si ese hombre puede sanaros, sin duda podrá mataros.

—¿Qué?

El visir agitó el frasco con la medicina ante el rey, recordándole que no tenía ni idea de lo que Ruyán le daba a beber a diario.

—Lo convertiréis en el heredero de vuestro trono y luego os matará —aseguró el visir.

—¿Qué debería hacer? —preguntó el rey.

—Matarlo antes de que él os mate a vos —contestó el visir.

Y así, llegó el día y el rey Yunán hizo comparecer al sabio Ruyán ante él en palacio. El visir sonreía complacido.

—No confío en ti, Ruyán. Debes morir —sentenció el rey.

—¿Por qué habríais de castigar a quien tanto bien os ha hecho? —preguntó el sabio.

El rey no respondió.

—¡Rey! —insistió Ruyán—. Perdonadme la vida y Alá os perdonará la vuestra. No paguéis bondad con perjuicio. No correspondáis al bien con mal.

Pero el rey le volvió la cara.

El visir dio un paso al frente.

—Márchate ya, pues así lo ordena Su Alteza. Al alba te decapitaré.

—Como desees —contestó Ruyán antes de dirigirse al rey—. ¡Ay, rey! Cuando me hayáis cortado la cabeza, colocadla en la séptima página de un libro de magia que confiaré a vuestro cuidado igual que os confiasteis vos a mi cuidado. Luego, podréis hacerle cualquier pregunta y mi cabeza responderá.

El rey estaba emocionado. ¡Ruyán sería más útil muerto que vivo!

El visir sonrió. Casi nunca sonreía. Era un buen día.

Y tal fue lo que acaeció.

Decapitaron a Ruyán. El libro de magia se le ofreció al rey, que se estremeció de emoción, aunque no logró abrir las páginas del regalo del sabio.

El visir le presentó la cabeza cercenada de Ruyán en una bandeja y esta abrió los ojos.

—¡Ay, rey! —dijo la boca del sabio—. ¡Pasad las páginas! ¡El tiempo se acaba! ¡Apresuraos!

El rey se escupió en los dedos hasta que los tuvo humedecidos y volvió a intentarlo. Las páginas se abrieron. Una, dos, tres, cuatro, cinco, seis, siete... sí, aquí está la siete. ¡Preguntad lo que queráis!

¿Qué es ese extraño olor? ¿Y ese polvo blanco? ¿Ese gas asfixiante?

Es veneno. El visir suelta la cabeza, que rueda por los escalones del trono. Es demasiado tarde.

El rey está muerto.

—¡Ah, ifrit! —dijo el pescador en la playa—. Eso es lo que ocurre cuando una buena acción se paga con maldad. Eso es lo

que ocurre cuando quien debería obrar de buena fe escoge la injusticia. Nuestras acciones nos siguen allá donde vayamos. Luz u
oscuridad.

El ifrit guardó silencio.

El pescador le propinó una patada a la vasija.

—¿No tienes nada que decir, ifrit?

Pero ya amanece. Shahrazad se queda callada.

Enredo

Las *Noches* empiezan con un agravio infligido a alguien que no lo merece.

Ahora añadimos una capa más. Un daño infligido a quienes han sido sinceros, honestos y serviciales con su inesperado agresor, o a quienes tienen motivos para confiar en esa persona.

Ruyán es recompensado con riquezas por su sorprendente remedio. El rey está entusiasmado. Parece que la vida sonríe a todo el mundo. Hasta aquí no hay ningún problema. Pero ahora Shahrazad introduce un nuevo personaje en las *Noches*, la del manipulador envidioso.

Hay gente que no soporta la buena suerte o el éxito de los demás.

La envidia, o la codicia, es uno de los grandes «No» de los Diez Mandamientos. No hablamos de desear lo que tiene otra persona de una manera carente de animosidad, en plan «Vaya, me encantaría tener ese Porsche», sino del deseo corrosivo, colmado de odio y a menudo disimulado de ver caer a alguien porque no soportas que tenga lo que tú no tienes. El mecanismo psicológico que subyace es que tú eres el único que lo merece. El otro es un usurpador.

En ocasiones, a Satanás se lo describe como el Usurpador. Desea el mayor de los «Esto no es para ti». Desea ser Dios.

El visir detesta la influencia que Ruyán ejerce con tanta facilidad, sus modales afables, el modo en que la gente lo aprecia, y que, aun cubierto de regalos, él prefiera vivir con modestia y dedicarse a sus estudios mágicos.

La envidia no deja dormir al visir por las noches, y tampoco dispone de una «machosfera» en la que desahogarse.

La literatura está repleta de personajes de este tipo.

Por ejemplo, Yago en el *Otelo* de Shakespeare. Melot en *Tristán e Isolda*. Mordred en la historia del rey Arturo. La señora Danvers en la *Rebecca* de Daphne du Maurier. Dolores Umbridge en la serie de Harry Potter. Judas Iscariote vendiendo a Jesús por treinta monedas de plata. Saruman en *El señor de los anillos*.

No hablamos de una persona leal atormentada por lo que considera que debe hacer en aras del bien común, como cuando Bruto traiciona a su amigo Julio César. En ese caso se trata de una verdadera crisis de conciencia. De la terrible elección que una persona puede verse obligada a tomar. ¿Mi amigo o mi país? ¿Mi hijo o que se haga justicia?

El tema del manipulador envidioso no gira en torno a traiciones complejas y expiaciones, como en una de mis novelas favoritas, *Cometas en el cielo*, de Khaled Hosseini. Y tampoco se refiere a alguien asaltado por un pánico irracional en el momento de salvar su propio pellejo, motivo por el que Pedro traicionó a Jesús. No, cuando nos topamos con el manipulador envidioso, se trata siempre de la venganza de la mediocridad.

Veamos lo que le ocurre a Billy, en la novela de Melville *Billy Budd*, a manos del maestro de armas John Claggart. En la ópera de Benjamin Britten (con libreto de E. M. Forster y Eric Crozier), Claggart nos canta el momento en que decide destruir a Billy demostrando que es plenamente consciente de sus motivos. «Belleza, hermosura, bondad... Si el amor aún vive donde no se me permite entrar, ¿qué esperanza hay para mí en mi oscuro mundo?».

Claggart es un homosexual que no ha salido del armario, pero no es eso lo que motiva su traición. Como todos los traidores ávidos de venganza, siente que se le niega lo que desea. Puede tratarse de amor, admiración o poder, y para el traidor, quienes poseen esas cosas deben ser destruidos.

Esta clase de traidores y manipuladores abusan de su posición y de la confianza que los demás depositan en ellos. Es un juego largo y calculado.

Ocurre lo mismo con el ciberacoso. El acosador despliega una estrategia minuciosa de la que los demás no saben nada. Busca que la otra persona le proporcione sexo o dinero, o simplemente encuentra satisfacción destruyendo su confianza, y a menudo su vida futura. A los delincuentes sexuales no les importa lo que pueda pasarles a sus víctimas. En mi opinión, la compasión por esas personas no conduce a ninguna parte. La maldad existe, y no deberíamos disculparla ni perdonarla.

Por supuesto, también existe la redención, y cuando se produce, entonces los demás podemos perdonar. Es nuestro deber. Pero la redención es un largo y duro camino de autorreflexión y penitencia, y la sociedad no está obligada a ofrecer transporte ni provisiones para el viaje.

La parte más triste de las historias de traición es la manera en que los manipuladores engañan a las personas honestas.

Las redes sociales son el entorno perfecto para los manipuladores; algunos son envidiosos, otros arrogantes, otros las dos cosas.

Timadores que despluman a viudos y viudas. Influencers que establecen contacto con sus «clientes» para venderles cosas que estos no pueden permitirse.

No solo son prácticas deshonestas —un enfoque vital basado en el timo—, sino estrategias directas y deliberadas para desestabilizar y menospreciar a la otra persona con el fin de inflar la valía propia, ya sea en términos económicos, sexuales o psicológicos. Los manipuladores necesitan el subidón de dopamina.

¿Qué dijo Mark Zuckerberg en 2004 cuando se dio cuenta de que podía engatusar a la gente para que le diera sus datos llamándolo «compartir»?

«Putos idiotas».

La incapacidad para reconocer lo que es valioso y lo que carece de valor es un tema recurrente en las *Noches*. Lo encontraremos de forma clara en las historias de Aladino. Aladino no parte con muchas ventajas, pero cuenta con una sobre quienes son más listos o están mejor preparados para enfrentarse al mundo: es capaz de distinguir lo auténtico de lo falso.

En la mayoría de los casos, los protagonistas humanos de nuestras historias son víctimas de engaños relacionados con sus miedos, vanidades o falta de conocimiento de sí mismos, debilidades que el manipulador advierte enseguida y aprovecha.

En psicología, a estos manipuladores se los calificaría como la tríada oscura: individuos narcisistas, carentes de empatía y ávidos de poder.

El rey Yunán es inseguro, y por eso está dispuesto a creer que Ruyán podría conspirar para derrocarlo, pese a que no existe ninguna prueba que lo sugiera.

Cuando Yago convence a Otelo de que su esposa Desdémona está enamorada del atractivo Casio, es el propio complejo de inferioridad de Otelo lo que posibilita la traición. En el fondo, no cree merecer a Desdémona ni que ella pueda amar a un soldado negro y robusto como él.

Judas tiene ocasión de traicionar a Jesús porque los demás discípulos confían en él. Judas lo sabe y se aprovecha de ello.

El pescador le cuenta al ifrit que, aunque el rey Yunán mata al sabio Ruyán, este obtiene su venganza más allá de la tumba. Las injusticias, dice Shahrazad a través del pescador, se pagan.

¿Está prestando atención Shahriar? El ifrit desde luego sí.

Antes de contar la historia, el pescador iba a regresar a casa con las manos vacías.

Antes de escuchar la historia, el ifrit volvía a estar en la vasija para siempre.

Ahora el ifrit suplica un indulto. Ha comprendido que ha actuado incorrectamente. No se debe corresponder bien con mal.

Tras una larga negociación, el pescador decide arriesgarse. El peligro es grande, pero la historia les concede a ambos una segunda oportunidad.

Una cosa siempre conduce a otra. No hay situación, por grave que sea, que una historia no pueda interrumpir. Esa es, como sabemos, la premisa que da comienzo a todo. La muerte, el final definitivo, se ve interrumpida por una serie interminable de principios.

Tembloroso, el pescador retira el sello de Salomón y cae a la arena, tratando de respirar en medio de la nube de polvo rojo.

Ante él se alza de nuevo el ifrit, inmenso y humeante, recortado contra el cielo. Pero hemos avanzado. Ya no estamos donde estábamos.

La recompensa ofrecida no es algo simple. No son tres deseos. No es una olla repleta de oro.

En lugar de eso, el ifrit lleva al pescador hasta una alberca profunda y le dice que pesque los peces y se los lleve al rey.

Eso es todo.

Y es perfecto, porque permite que Shahrazad se prepare para la siguiente historia.

Es perfecto porque, en las *Noches*, los elementos mágicos, los peces cantarines en el caso que nos ocupa, nunca son el final de la historia, sino el principio de algo más.

Los elementos mágicos, como las habichuelas de Jack, el gato de Dick Whittington, las escobas voladoras o las gallinas de los huevos de oro, interactúan con sus dueños temporales. Lo mismo ocurre con el anillo mágico de *El oro del Rin* o el de *El hobbit* y *El señor de los anillos*. Los seres humanos cometen el error de creerse omnipotentes cuando en realidad disfrutan de un golpe de suerte y tienen a su disposición una ayuda sobrenatural (durante un tiempo).

A diferencia de esa versión fantasiosa en la que el niño pobre sale adelante por sí mismo y sin ayuda de nadie, con frecuencia las historias que aquí se cuentan son relatos de azar, infortunio, segundas oportunidades, buena y mala suerte, aderezados con ingenio y buenas dosis de humildad. Los que empiezan a creer que todo gira en torno a ellos y a lo maravillosos que son, bueno, sigan leyendo.

La fantasía de la vida real —que todo lo bueno me lo merezco y todos los reveses y los fracasos son culpa de los demás— no aparece por ninguna parte en la fantasía de los cuentos maravillosos. Solo eso ya es una buena razón para que los estudiantes de Administración de Empresas lean las *Noches*.

El ifrit planta en el suelo su gigantesco pie y desaparece.

El pescador atrapa en su red cuatro peces de colores y se los lleva al sultán. A cambio, obtiene una bolsa de dinero y se apresura a ir a la sección de ropa de hombre.

Los peces acaban en la cocina de palacio, donde están cocinándolos cuando la pared de piedra que hay frente al fuego se abre y de ella sale una hermosa mujer. La cocinera se desmaya. Los peces no. La mujer echa un vistazo a la sartén.

Les pregunta a los peces si le son leales.

Los peces levantan la cabeza con agallas y cantan de lo lindo.

Si regresas, regresamos contigo.
Si te mantienes fiel a tu palabra, nosotros a la nuestra.
Pero si partes, estamos en paz.

El misterio se repite una y otra vez, entre desmayos y pescado, un drama que siempre tiene la sartén como lugar de representación. Al final, el sultán ordena al pescador que lo lleve a la alberca secreta, la cual se encuentra mucho más cerca de lo esperado, aunque nunca nadie había dado con ella. Se trata de uno de esos lugares que el psicoanalista Christopher Bollas llama «lo sabido no pensado».

El hallazgo tiene cierta cualidad profética. ¿La alberca estaba esperando al sultán o el sultán debía encontrarla? Quizá ambas cosas. Da igual. Nada volverá a ser lo mismo.

El sultán deja a su séquito acampado junto a la alberca y emprende un viaje de varios días con la esperanza de descubrir el secreto de los peces cantarines. Llega a un palacio, asimismo cercano y asimismo nunca hallado hasta entonces.

La cercanía de lo desconocido no deja de sorprender.

¿No te ha pasado alguna vez? Cuando tomas una decisión importante y de pronto te encuentras en el otro lado, quizá no más feliz, de una manera ingenua, pero sí creyendo haber hecho lo correcto, y lo más extraño de todo es la sensación de que siempre ha estado ahí, esperando a que lo descubrieras; no inevitablemente, porque la vida no es una serie de inevitables, sino más bien una serie de casualidades, errores, encuentros, decisiones, momentos cargados de coraje que compensan todas las veces que te has escondido debajo de la cama con una almohada sobre la cabeza.

Aun así.

Aquí estamos.

En el palacio hay un joven príncipe. Es el príncipe de las Islas Negras. Su malvada esposa, que se halla en otra parte retozando con un esclavo, lo ha convertido en piedra de cintura para abajo. El príncipe hechizado no puede hacer nada. Su desdichada condición semipétrea lo mantiene inmóvil y además sin sexo. Su malvada esposa también está bajo el hechizo del esclavo vil y repugnante por el que bebe los vientos.

¿El objetivo de esta parte de la historia es reconfortar a Shahriar asegurándole que, en efecto, hay mujeres perversas que prefieren a un matón antes que a un príncipe y que mienten y engañan para alcanzar el poder? ¿O que los encantamientos son redes que causan complicaciones imprevistas?

Tal vez.

Sea cual sea la razón, la diabólica y bella esposa pronto se someterá a la justicia del recién llegado sultán, cuyo propósito es liberar al príncipe de las Islas Negras y devolver el orden al reino.

Finalmente, resulta que los peces representan a los distintos grupos religiosos que vivían en la ciudad antes del encantamiento: musulmanes, cristianos, judíos y una secta de magos zoroastrianos. Estas personas no parecen tener el menor problema con la tolerancia como mandamiento. Todos comerciaban en paz antes del sortilegio de la malvada hechicera.

La historia acaba bien, el encantamiento se desvanece y la ciudad invisible recupera su bullicio habitual. Nadie recuerda lo sucedido. El mal queda atrapado en una burbuja del tiempo que se aleja flotando.

¿Nadie recuerda? Entonces no habría nadie que contara la historia.

Bueno, el sultán recuerda, y también el pescador, aunque este es ahora el hombre más rico del lugar y sus hijas están casadas con la aristocracia. Poco importa que, por mucha agua de rosas que empleen para lavarse, las hijas sigan oliendo, solo un poquito, a pescado fresco.

Eres lo que eres, piensa el pescador. Eres lo que fuiste. Lo que serás está hecho del entonces y el ahora. Además, cuando sus hijas lo abrazan, él inhala ese vestigio salado y escamoso. Aún sigue ahí.

Algunas noches, cuando la luna está en lo alto y las nubes son costillas sobre un mar plano como una bandeja de plata, el pescador se quita las sandalias enjoyadas y pasea a solas por la orilla hasta que las luces del palacio se atenúan a lo lejos. Le da vueltas a lo que ocurrió aquella mañana, cuando era pobre como las ratas y encontró la vasija que contenía al genio.

Ha pasado mucho tiempo y todo el mundo lo considera un hombre sabio y sagaz, y lo curioso es que ahora es ciertamente sabio y sagaz. Tenía cualidades que desconocía cuando solo era un pescador. También disfruta de tiempo para pensar. Tiempo del que nunca había dispuesto cuando era un simple pescador.

La gente dice, ah, es rico e importante porque es sabio y sagaz. Él sabe que no es cierto.

Se le presentó la oportunidad. Mantuvo la calma y echó mano de su ingenio. Todo el mundo salió ganando, y una forma de vida que había sido trastocada volvió a su ser. Él cumplió con su parte.

Hay días en que trata de explicarlo y la gente dice, ah, sí, se presentó una oportunidad, pero tú supiste aprovecharla, ¿y si no hubieras sido lo bastante listo para volver a meter el genio en la vasija?, ¿y si hubieras sido demasiado cobarde para dejarlo salir de nuevo?

Sí, todo eso es cierto. Como también es cierto que, aunque la suerte sonríe a los valientes, hay muchísimos estafadores a los que les va bien. Y muchísimas buenas personas sin nada.

¿Es mejor persona ahora que es rico?

¿Qué era antes?

Un pescador.

La mañana despunta en el horizonte. El cuento se ha acabado.

Las historias son detectores de mentiras. Pero ¿quién miente?

A los seres humanos nos encantan las historias.

Nos fascinan los dramas que afectan a las vidas de nuestros amigos. Nos obsequiamos unos a otros con nuestros microrrelatos sobre el trabajo, los niños, el rarito de la parada del autobús, los escarceos amorosos de las vacaciones, nuestros corazones rotos.

Pero esas historias no son ficciones, podríais decir. Y no os llevaría la contraria, aunque los mejores narradores de nuestra familia y grupos de amigos son los que demuestran la misma destreza que quienes se ganan la vida contando historias. ¿Qué enfatizar? ¿Qué pasar por alto? Dónde cortar. Cómo representar un diálogo para que escuchemos en lugar de bostezar. Cómo llegar al desenlace, donde todo el mundo ríe o se estremece. Cuando reproducimos nuestras vidas, en parte establecemos el relato que nos conviene. Somos nosotros quienes controlamos los hechos.

Los tediosos y conocidísimos «él dijo/ella dijo/ellos dijeron» que acompañan las rupturas y las acusaciones no tratan solo de hechos controvertidos sino de quién controla el relato.

Por eso los hermanos discuten sobre lo que «verdaderamente» ocurrió durante aquellas vacaciones de hace tantos años con sus padres. Por eso si una hija dice: «Nos encantaba la Navidad», cabe que su hermano responda: «Era horrible».

Las historias que nos contamos, a nosotros mismos y a los demás —y me refiero tanto a nuestras historias personales como a las historias nacionales—, no son la verdad, toda la verdad y nada más que la verdad, porque no podemos eliminar la parte subjetiva de la historia. Los seres humanos somos subjetivos por naturaleza. No nos limitamos a contar la historia. Formamos parte de la historia que contamos.

La historia de Jesús no la contará igual un cristiano que un ateo. Tratar de sustraer el yo del relato no nos lleva a ninguna parte. No lo considero un defecto, pero es un sesgo, y si bien un sesgo puede ser tan inocuo como una preferencia, es susceptible de convertirse en una distorsión o un prejuicio que más tarde intentaríamos hacer pasar por hechos «objetivos».

El feminismo reparó muy pronto en la importancia del concepto «lo personal es político». Démosle la vuelta: lo político es personal. Es la forma en que ves el mundo. Lo que valoras. Lo que no. Esa es la naturaleza humana.

Lo fundamental es que lo reconozcamos. No digo que todo sea relativo —mi opinión frente a la tuya—, ni que todo tenga el mismo peso, se trate del creacionismo o la evolución. Lo que digo es que hay que preguntarse, como hace cualquier escritor de ficción, de quién habla la historia, por qué se cuenta. Y las cuestiones que surgen a continuación: ¿por qué debería creerla?, ¿por qué debería detenerme a pensar?

Las respuestas son importantes.

En ficción, existe la figura que los académicos o los críticos llaman «el narrador poco fiable». ¿Podemos fiarnos de él? ¿Deberíamos creerlo? Aun así, incluso si advertimos que lo que está contando es una sarta de mentiras —o, en el mejor de los casos, algo dudoso a tenor de los hechos—, tal vez sintamos cierta afinidad con él, porque el poder de la escritura nos muestra cómo, y por qué, opina y actúa como lo hace.

Novelas de iniciación como *El guardián entre el centeno* o *El curioso incidente del perro a medianoche* emplean narradores poco fiables cuyas experiencias vitales nos exigen, a los lectores, que nos preguntemos cómo fijamos nuestros recuerdos; cómo reaccionamos ante sucesos sobre los que no tenemos ningún control, y cuando somos jóvenes, eso incluye todo lo que nos ocurre.

Cuando leemos esa clase de novelas, nos hacemos una idea de cómo nos ha moldeado también a nosotros aquello que, en su momento, nos parecía normal o natural. De cómo hemos sobrevivido, prosperado o naufragado.

Grandes esperanzas, de Dickens, nos muestra una infancia mutilada por las dificultades y el abandono, pero también sustentada por el poder de los encuentros fortuitos con otros.

Cuando era adolescente, leí *Tom Jones* (1749), la novela de Henry Fielding. El título completo es *La historia de Tom Jones, expósito*. Como hija adoptada, me interesaba; de todos modos pasaba todo el tiempo que podía en la biblioteca leyendo la pared de libros identificada como «Literatura inglesa en prosa de la A a la Z».

Esos libros fueron mi verdadera educación.

Tom es un narrador fiable, pero no quienes lo rodean. La comicidad de la novela gira en torno a la ingenuidad y el buen corazón de Tom, que cree todo lo que le cuentan los demás. Es una clase magistral acerca de cómo dejarse engañar. Por fortuna, al final todo sale bien, y, en pocas palabras, eso me animó.

¿Por qué? Sentía que la versión que mi Madre Poco Fiable tenía de mí era el equivalente de una ortodoncia mental. Ella deseaba enderezarme. Corregirme. Alinearme con sus valores. Mi versión de mí misma no era la que ella quería. Nuestra batalla giraba en torno a quién se haría con el control del relato.

La vida real está repleta de narradores poco fiables, algo que la ficción nos ayuda a comprender. Leer nos provee de herramientas psicológicas que resultan útiles cuando nos topamos con un cuentista (nunca la polisemia fue tan acertada) que parece demasiado interesado en la versión de sí mismo o de nosotros que nos desea vender.

En ocasiones, y es algo que suele ocurrirles a las mujeres enamoradas, acallamos nuestro desasosiego porque queremos creer lo que oímos.

La ficción puede mostrarnos cómo lo que sentimos por otra persona afecta a lo que oímos. Y cómo nuestros sentimientos determinan qué hechos revelamos u ocultamos cuando contamos nuestras propias historias.

La cuestión fundamental que recorre las *Noches* es sencilla y necesaria.

¿En quién o en qué podemos confiar y quién o qué es una ilusión?

¿Es un remedio de sacamuelas o auténtica medicina?

¿Es basura o algo valioso?

¿Es un *deepfake* o verdad de la buena?

¿Qué es falso? ¿Qué es auténtico?

No se me ocurre una pregunta mejor para nuestra época.

Las palabras son la parte del silencio que puede pronunciarse

Cayó la noche. Shahrazad comenzó su siguiente historia.

—¿Qué estás mirando? —preguntó una de las hermanas.

—¡A vosotras! —dijo el porteador—. ¡Todo esto!

La casa era espléndida y estaba construida alrededor de un patio espacioso. El porteador había estado toda la tarde embutiendo las adquisiciones de las tres hermanas en los cestos y siguiéndolas devotamente mientras hacían sus compras.

Por fin habían llegado a casa.

Menudo sitio. Lo mejor de lo mejor. El hombre tenía los músculos endurecidos a causa del esfuerzo, pero en aquella estancia todo era suave. Cojines, divanes, mullidas alfombras, cortinas hechas a mano, malvavisco, uvas, agua.

Un estanque interior ocupaba la sala contigua.

—¡Hermanas! ¡Démosle algo de beber a este hombre! Ha trabajado de manera infatigable para nosotras sin decir ni pío.

—Puede quedarse mientras no haga preguntas —repuso la hermana pequeña—. ¿Sabrá leer?

—¡Sí! ¡Sé leer! —dijo el porteador.

—Pues lee lo que hay escrito encima de la puerta —ordenó la hermana—. ¡Venga! Si tan listo eres, ¡léelo en voz alta!

El porteador se volvió hacia la puerta por la que acababa de entrar. Sobre ella, escrito en pan de oro con letras gráciles, se leía lo siguiente:

Quien habla sobre lo que no debe hablar acaba oyendo lo que jamás deseó oír.

—No os preocupéis por mí —dijo el hombre—. Soy un porteador y no un poeta. Aun así, como dice el poeta, «conmigo los secretos se guardan bajo llave en una celda. Las llaves se han perdido y la puerta ha quedado sellada».

—Me gusta este porteador-poeta —opinó la hermana mayor—. Divirtámonos un poco con él. ¡Quitadle esas ropas polvorientas y lanzadlo al estanque!

Las hermanas y el porteador-poeta no tardaron en estar metidos en la pileta, salpicándose y escupiendo agua, bebiendo vino junto al borde. Las horas se sucedieron, pero el tiempo no pasaba, o, si lo hacía, nadie se daba cuenta.

—¡Eh! —exclamó una hermana—. Sé sincero, pequeño ganapán, ¿cómo llamas a esto? —Y se señaló las partes íntimas.

—¡Oh! —respondió él—. Eso es vuestro vientre. —Pensó que era mejor mostrarse recatado.

Pero su reticencia no le sirvió de nada, porque la señora de la casa empezó a darle golpes en el cuello y los hombros y a gritarle que era un embustero.

Él repasó entonces todos los nombres que conocía que sonaban médicos.

Vagina.

¡No! Más golpes.

Vulva.

¡No! Más golpes.

Canal del parto.

¡No!

¡Ay!

Se envalentonó...

¿Ostra? ¿Almeja? ¿Cueva de las maravillas? ¿Tesoro? ¿Fruta prohibida? ¿Higo? ¿Flor? ¿Chirla? ¿Conejo? ¿Felpudo? ¿Coño?

Y con cada palabra los golpes caían más y más fuertes, y las mujeres no dejaban de reírse en su cara.

Vale. Si eso es lo que queréis... vamos a meternos en el lodo. Y pensó en las peores cosas que había oído en el bazar.

Papo. Raja. Chocho. Agujero. Tajo. Metedero. Cococha. Mondongo. Chupajornales.

—¡A lavarle esa boca! —exclamó la señora de la casa, y le sostuvieron la cabeza mientras ella le vertía agua de rosas en la boca.

Cuando estaba casi muerto, pero no del todo, las mujeres lo liberaron.

—Bueno, pues entonces, ¿qué tal... menta de las acequias? Y es mi última palabra.

Y casi fue su última palabra de verdad, pues las mujeres lo increparon por comparar sus jardines femeninos con una hierba silvestre cualquiera que crecía en los humedales.

—Antes de morir, pues sin duda moriré, ¿cómo lo llamáis VOSOTRAS?

Sinceramente, le rezó a Alá para no volver a ver nunca más las partes pudendas de nadie.

La señora de la casa contestó:

—Su nombre correcto es sésamo descascarillado.

—¿Ah, sí? —dijo el porteador—. Y supongo que esa cosa que se cierne por encima será la pepita.

Le agarró el clítoris... y seis manos le hundieron la cabeza bajo el agua.

El porteador, con la intención de desquitarse con ellas, se puso de pie en la pileta y se señaló el pene.

—¿Cómo llamáis a esto? —preguntó.

—Eso es tu *zubb* —dijo una de ellas.

—Su *zubb* diminuto —añadió su hermana.

El porteador intentó morderla. Ella escapó y se alejó hacia donde estaba dispuesta la comida. Sus hermanas no tardaron en seguirla y el porteador se dio cuenta de que nadie le hacía caso.

Salió del estanque de un salto. Se frotó el miembro hasta que alcanzó un tamaño respetable y exclamó:

—¡Mirad esto, señoras! Este es el mulo que rompe todas las barreras, que pace y se abre camino entre la menta de las acequias, que culmina en las semillas de sésamo, que pasa la noche donde le place y se marcha antes del alba.

Era el porteador-poeta-prodigio. El rey del mango. El badajo de abajo. El hombre del rabo entre las piernas. El mago del truco o tranca. Su polla portentosa, su anaconda, su músculo del amor, su trabuco y sus dos balas de cañón...

—¿Creéis que siempre habla consigo mismo? —le preguntó una hermana a otra.

Las mujeres le daban la espalda.

—¿No os encanta este helado de granada? —dijo la señora de la casa.

Llamaron a la puerta.

Fuera había tres derviches persas y todos habían perdido el ojo izquierdo.

—¡Vaya, vaya! ¡Más visitas! ¡Que pasen!

«El porteador y las tres mujeres de Bagdad» es una historia picante. Tal vez Shahrazad pensó que necesitaba un poco de porno poético para mantener despierto al sultán. Esta larga y tortuosa historia está llena de citas y de personas que recitan poesía cada vez que se interrumpe la conversación.

Las hermanas han estado de compras. Les gustan el lujo y las cosas bonitas. Coquetean. Provocan. Personifican el estereotipo que el sultán atribuye a las mujeres.

Sin embargo, a diferencia de todos esos artículos de las tiendas elegantes, las mujeres son algo más que lo que muestran por fuera, y esa es una verdad de la que, a estas alturas, ya estamos alertados en las *Noches*.

Esas mujeres no son solo ricas y guapas... Son sexis y lo saben. Son listas. Son independientes. Están al mando. Mi casa, mis normas.

Cuando llegan los derviches, también a ellos los invitan a contar sus historias y también a ellos les recuerdan la advertencia escrita en pan de oro sobre la puerta.

Ese «Mantén la boca cerrada o atente a las consecuencias» sugiere que lo que sucede de puertas adentro es algo más que una orgía improvisada. Esas mujeres deben preservar su reputación, pero da la sensación de que hay algo más en juego. Esas mujeres tienen un secreto.

Pese a todas las bromas, los intercambios ingeniosos, los juegos de palabras y las noches de Scrabble, los torneos poéticos y las sesiones de micrófono abierto, donde la entrada es libre, pero se ejerce el derecho de admisión; pese a todos los chistes, las chanzas y las historias que se multiplican, lo que se esconde calladamente tras la pantalla es la verdadera historia no contada. Se oculta a plena vista, con pistas esparcidas entre las palabras, como joyas perdidas en los recovecos del diván.

Tal vez sean vestigios de las historias de tantas mujeres. Objetos de un valor incalculable que se han perdido. Voces que no han sido oídas a través del tiempo.

Tal vez ha hablado por ellas su belleza. Tal vez su padre, o su marido. Tal vez sus pérdidas. Su heroísmo familiar. Y su historia, sin que nadie repare en ella, se entrelaza en las historias de otros. La señora de.

¿Cómo dices? Habla más alto.

Según el Corán, las mujeres no deberían alzar la voz. Shahrazad, la erudita de voz suave que se ha llevado su biblioteca consigo, hace que las mujeres de sus historias se expresen cuando a ella no le está permitido. Nadie puede culparla por lo que tengan que decir. Y tienen mucho que decir.

De manera que, por primera vez en su vida, Shahriar escucha.

Ese siempre ha sido el camino. Las historias son contrabandistas. Cruzan las zonas peligrosas, burlan los controles, se arrastran bajo el alambre de espino, sobrevuelan las fronteras del sentido común, se enfrentan a las normas cargadas de explosivos guardados en cajas de bombones. Lo que leemos nos cambia. No por medio de sermones o propaganda, sino a través de las vidas de otros, tanto reales como imaginarias. Hace que escuchemos en lugar de volver la espalda. Que nos mantengamos despiertos cuando podríamos estar dormidos. No es el sonido de una sola mano aplaudiendo. Es el sonido de una voz. Una voz que cuenta una historia. Las palabras nos embrujan —sí, nos embrujan porque pertenecen al círculo de los hechizos—, pero lo que funciona igual de poderosamente que lo que se dice es esto:

Lo que no se dice.

Zonas liminales. La muda elocuencia. La aproximación al confín más lejano, donde el lenguaje se curva y cede, pues tal es la presión por centímetro cuadrado. El lenguaje no puede llevarnos más allá de ese punto, pero sí puede *acompañarnos* hasta allí.

Cuántas veces, pasándolo mal, no miramos a un amigo: «No sé qué decir... No hay nada que pueda decir... Me faltan las palabras... No me salen las palabras... No puedo hablar de esto».

Cuando no tenemos palabras, incluso entonces, las palabras están ahí. Las palabras de otros, en la ficción, en la poesía, en la filosofía, en el misticismo, en lo mejor de las religiones. La travesía nocturna por el mar. La noche oscura del alma. Y algunos de los que han llegado a los agrestes confines del sufrimiento humano han sido capaces de encontrar las palabras que pueden aliviar lo que más tememos.

¿Qué es lo que más tememos?

Que todo carezca de sentido.

El lenguaje mismo desafía la ausencia de sentido. Los seres humanos, en todas partes, han ideado la forma de decir lo indecible. Han zarpado en frágiles canoas, sin pensar en lo que es útil o conveniente, sin pensar en el interés personal ni el afán de dejar constancia. Aquí estamos todos, surcando ese mar, y sin embargo nos quejamos a gritos de que somos algo más que un informe de lo ocurrido. Algo más que cronistas de la historia humana.

No, no había necesidad alguna de ir más allá, pero fuimos. Vamos. Para encontrar las palabras que encuentren el sentido... Y si dices que no lo hay, entonces habrá que buscar las palabras que lo creen. Si todo esto es una invención, debemos continuar inventando.

Shahrazad lo hace. Todas las noches. Una invención suya para frustrar la burda imitación de él, porque eso es lo único que Shahriar sabe hacer: imitar la decapitación de ayer con la ejecución de hoy. Copiar a los letales déspotas del libro. Es a lo que se refería la filósofa judía alemana Hannah Arendt cuando hablaba de la banalidad del mal. Tan anodino. Tan apático. Tan amortecedor (mucho más allá de la muerte física que inflige). Cada acto de maldad es una imitación. Cada momento creativo es una invención.

La palabra «invención» tiene su raíz latina en *inventio*, que procede de *invenire*, compuesto por el prefijo *-in*, «hacia dentro», y el verbo *venire*, «venir». En el sentido de venir hacia dentro, hallar, descubrir.

¿Qué es lo que descubrirá Shahriar?

Todas las mañanas, Shahrazad guarda silencio. Las palabras han hecho su trabajo. Ahora, entre las palabras, entre líneas, solo queda esperar a que haya algo más que decir que pueda decirse. Los cambios de sentir no empiezan con una proclama. Empiezan con un sentimiento.

Mientras tanto... ¿qué es lo que esconden las hermanas?

La historia serpentea en todas direcciones hasta que por fin nos lleva a una escena terrible en la que la hermana mayor abre la puerta de un armario y saca a dos perras encadenadas por el cuello.

A continuación les da una brutal paliza. Los espectadores se quedan atónitos ante su fuerza y su furia. Cuando termina, acaricia la cabeza de las perras, derrama unas lágrimas, suspira, les da unas chuletas de cordero y hace que se las lleven para que les den un baño.

Su crueldad es tal que los hombres que han sido testigos de ella están decididos a conocer la historia que se oculta tras los actos de la mujer. Haciendo caso omiso de la grácil inscripción que les advierte que se ocupen de sus asuntos, las preguntas manan a borbotones, aunque lo que verdaderamente les interesa saber es:

¿Cómo puede una mujer comportarse así?

La hermana mayor les planta cara. No sonríe. No responde a sus preguntas. Les recuerda la condición bajo la que han entrado en la casa por voluntad propia. Han roto el acuerdo. Da unos golpes en el suelo y siete criados aparecen para atar a los hombres y decapitarlos.

Pero la sentencia, como es de esperar, se suspende. La oportunidad de quedar libre es la oportunidad de contar una historia, el trato habitual en las *Noches*. Los presentes se sientan y esperan. El primero de los derviches tuertos empieza a hablar...

Es muy inteligente por parte de Shahrazad revertir su propia situación. Aquí son las mujeres quienes ostentan el control y los hombres quienes bailan al son.

A esas alturas ya han llegado dos huéspedes más, y disfrazados: el propio califa acompañado de su chambelán. Tienen por costumbre pasear de incógnito por la ciudad para aprender algo de gentes a las que de otro modo jamás conocerían.

Tal vez sea un mensaje para Shahriar: «Deberías salir más».

El califa podría deshacerse sin más de su disfraz y aterrorizarlos a todos, pero también él, el hombre más poderoso del reino, debe someterse a las reglas del juego. La hermana mayor tiene razón: ha entrado por propia voluntad. Las reglas eran claras. Ahora hay consecuencias.

Por descontado, en el mundo real el poder lo ostentan los hombres. En el mundo real, los hombres hacen y deshacen las reglas como más les conviene.

En este mundo de ficción, solo por una noche, son las mujeres las que mandan.

¿Qué se siente, Shahriar, al estar a merced de los demás?

Mientras el primer derviche cuenta la historia de cómo acabó tuerto, el califa se debate a la desesperada pensando en qué narices va a decir para salir del lío en el que se ha metido.

Y eso es lo que son las historias: un «Ábrete sésamo» de gran formato.

Las palabras mágicas que nos guían hasta el tesoro y nos alejan del peligro. La puerta se abre. La cruzamos. Esas fórmulas mágicas cargadas de poder son frecuentes en los cuentos de hadas. A veces en forma de acertijos: adivínalo y podrás irte; fracasa y acabarás hecho picadillo. A veces mediante el conjuro de un nombre; si conoces el nombre correcto de una cosa, su poder sobre ti se desvanecerá. A veces se trata de un ensalmo mágico, y a quienquiera que lo balbucee le esperan unas cuantas sorpresas. En las *Noches* se despliegan todos esos formatos diferentes de palabras portentosas. Se agazapan dentro de las palabras portentosas que son las historias mismas, y cada una de ellas es un salvoconducto. Los relatos son tu documentación, tu carnet de identidad, tu pasaporte a otro lugar. Las alfombras voladoras abundan, pero lo que de verdad recorre grandes distancias son las propias historias.

Confío en las palabras. No porque estén libres de error, o de ambigüedad, ni siquiera de engaño; no porque nunca flaqueen ni fracasen. Confío en ellas *a causa de* todas esas cosas. Son incompletas, como yo. Esa fragmentación deja huecos a través de los que hablar. Tanto con las no-palabras como con las palabras.

Nadie nace con lenguaje. Lo aprendemos. Los niños pequeños cuentan con un lenguaje limitado, pero les encantan las historias y se valen de su inventiva natural para hacer preguntas, añadir detalles, volver a contar sus relatos preferidos a su manera, exactamente como sucede en la tradición oral.

El lenguaje comienza en la boca antes de aterrizar en la página. Hablamos antes de saber leer. Leemos antes de saber escribir. El lenguaje es vívido porque es hablado. Una insurrección y un carnaval de lo real y lo descabellado. Si podemos encontrar una palabra para ello, existe.

Y eso es lo que debió de suceder, en algún momento allá por la transición de neandertales a *sapiens*: ambos grupos contaban con una disposición de mandíbula, garganta y lengua de la que otros homínidos carecían; y sin aparato vocal no hay habla.

Si podemos hablar, podemos nombrar, y si podemos nombrar, podemos saber.

La labor de Adán en el Génesis era la de dar nombre a los animales y las plantas. Sustantivos. Palabras para las cosas. No arbitrarias, sino implícitas. ¿O quiero decir cómplices? Es lo que Ursula K. Le Guin, la escritora de fantasía que desafiaba los géneros, hizo entender a su joven mago Ged en la memorable novela *Un mago de Terramar* (1968). Las palabras correctas posibilitan el resultado correcto. Sí, las cosas y las personas se ocultan, engañan, se transforman, pero aun así pueden conocerse si se las nombra de forma correcta.

De todos modos, necesitamos algo más que sustantivos. Los niños pequeños empiezan por sustantivos, por nombres, y luego pasan a interpretaciones más complejas de su mundo.

Podemos ver este desarrollo en el progreso humano, a través del surgimiento —como un milagro— de la cultura simbólica. Las pinturas rupestres de Lascaux, el Levante mediterráneo, todo el norte de África, como una forma de recordar, de llevar un registro: recuerdo y registro que probablemente también fuera oral. *Esto es lo que hicimos. Esto es lo que somos.* El latido del lenguaje transmitiendo el latido del corazón, porque el corazón es algo más que nuestro centro biológico, es un símbolo.

Y el lenguaje es algo más que utilidad. Y el arte algo más que representación.

A los seres humanos nos gusta resolver problemas prácticos. Se nos da bien. Así hemos sobrevivido como especie, ya sea pescando o cazando, convirtiendo plantas en medicinas, haciendo fuego, calzado, herramientas, armas, comida.

Pero ahí no queda todo. Hay algo más en nosotros. La cultura simbólica es una clara prueba de que los seres humanos somos híbridos extraños. El mundo material no nos basta.

¿Quién llega a casa, después de un largo día cazando y recolectando para poder sobrevivir, y se pone a dibujar en la pared?

¡Los seres humanos! Y primero tuvimos que fabricar los colores. Por lo tanto, que nadie me diga que el arte es un lujo.

Y ¿quién es el que se sienta a contar que las estrellas se derramaron por el cielo porque al ladrón que se las había robado a los dioses se le cayó la bolsa? ¿O que el río amaba tanto a una mujer que se desbordó de su cauce para cambiar su curso hacia donde vivía ella?

Nosotros.

Yo crecí rodeada de muchas personas mayores de clase obrera que apenas sabían leer porque sus padres no sabían leer, personas que habían dejado la escuela a los doce años. Todas habían nacido alrededor de 1900. Aun así, disponían de un lenguaje rico, ilustrado, lleno de variedad e ingenio. Eran los últimos vestigios de una tradición oral, que en su caso les fue transmitida de pequeños, antes de la televisión y la radio. Adultos cuya forma de hablar no había sido homogeneizada y diluida por los medios de comunicación. Allá por los años sesenta solo existían tres canales, y esos canales empezaban a emitir por la tarde y terminaban la emisión a medianoche. La radio era altruista. Muchos de esos adultos disfrutaban escuchando obras de teatro, o charlas; de hecho, su capacidad de escucha era notoria. Prestaban una atención total a lo que oían. No querían anotar nada —demasiado difícil y lento—, y no necesitaban hacerlo. Tenían una memoria prodigiosa incluso en la vejez, y no solo en lo relativo a su vida pasada.

Hablar. Escuchar. Oír. Oír en alto.

Íbamos todos a la iglesia, no todos de forma obsesiva como mi familia, pero todos oíamos en voz alta, una vez a la semana, el lenguaje de la biblia del rey Jacobo. Que es el mismo inglés que el de Shakespeare.

Los cursos de Shakespeare que se daban en el Instituto de Mecánica, junto a la biblioteca, eran populares en nuestra ciudad. El centro de formación instruía en habilidades prácticas como la carpintería o las reparaciones del hogar, pero, al igual que la cadena de radio BBC, su cometido era alimentar el intelecto de la clase obrera, en una época en la que no se consideraba que esto fuera paternalista o elitista. Los cursos de Shakespeare eran populares porque cualquiera que entendiera la biblia del rey Jacobo era capaz de enfrentarse al lenguaje de Shakespeare. Mi obra preferida, *Cuento de invierno*, se representó por primera vez en 1611. El mismo año en que se publicó la biblia.

Sin embargo, en cuanto los buenos samaritanos de clase media de la Iglesia decidieron que la versión de la biblia del rey Jacobo era demasiado complicada para las gentes sin estudios e introdujeron la Versión Estándar Revisada —la primera de muchas biblias degradadas—, se cargaron de un plumazo cuatrocientos años de continuidad de la lengua inglesa.

Mi padre solo sabía leer a trompicones y usando el dedo para seguir el renglón, pero le gustaba contar historias, normalmente sobre su juventud en Liverpool, cuando trabajaba en los muelles, o sobre sus (buenos) tiempos en el ejército durante la Segunda Guerra Mundial. Sus historias siempre empezaban diciendo: «Había uno al que conocía...».

Es un comienzo de hoguera de campamento.

La palabra escrita es diferente.

La palabra escrita permite transmitir lo mejor de nosotros a través del tiempo, a salvo de sus estragos.

No soy inmortal. Nunca nos conoceremos. Tú habrás muerto. O yo.

Pero ahí está la tablilla. El rollo. El libro.

Abrimos el libro. Donde no hemos muerto. Donde puedo escuchar tu voz.

Y sí, soy consciente de que durante demasiado tiempo a muchas voces se les impidió esa transmisión. Nunca fueron grabadas en piedra, nunca se consideraron sagradas. Se permitió que enmudecieran al amanecer.

Y soy consciente de que la alfabetización de masas no empieza hasta mediados del siglo XIX, como parte del avance hacia una educación de masas.

Soy consciente de que leer, la habilidad de leer, el amor por la lectura, podría no formar parte de la travesía futura del ser humano. Tendremos la música. Tendremos las artes visuales y las películas. Tendremos el teatro. Tendremos los relatos. ¿Tendremos la lectura?

El escrito más antiguo de literatura secular que se conoce procede de Mesopotamia: *La epopeya de Gilgamesh* (h. 2000 a. C.). Consiste en un *bromance* entre Gilgamesh y Enkidu. Gilgamesh, el metrosexual rico. Enkidu, el hombre salvaje. Trata de sus líos con las mujeres, de sus aventuras juntos y del dolor de la pérdida cuando Enkidu muere. Pero no termina ahí, porque el siguiente episodio indaga sobre lo que ocurre tras la muerte... y sobre si algún día, en algún lugar, podremos reencontrarnos con nuestros seres queridos.

Nuestros ancestros no eran como nosotros. No podemos viajar al pasado haciendo *cosplay*. Sin embargo, sí podemos fijarnos en sus preocupaciones, y lo que encontramos es una preocupación por la muerte. Eso no ha cambiado. El progreso no lo ha cambiado. En todo caso, en el mundo moderno, la muerte es más desconcertante de lo que lo fue jamás. Los creyentes siguen sus preceptos aprendidos de memoria, los ateos miramos al vacío con incredulidad.

La muerte. La frontera dura que no podemos cruzar. Aun así, el lenguaje encuentra el camino de ida y vuelta hacia ese territorio ignoto. Oraciones, rituales, relatos de duelo y pérdida. Ahí encontramos el parentesco con quienes se fueron mucho antes que nosotros. No somos los primeros en sentirnos así. Ni seremos los últimos.

Y eso es lo que Shahrazad espera conseguir en las *Noches* en su propia batalla contra la muerte.

Shahrazad tiene el lenguaje.

Hace lo que las mujeres han hecho siempre... porque las mujeres deben de haber sido las primeras narradoras fiables del mundo, ¿no? Por el simple hecho de que una mujer ha de evitar que su hijo llore, ya sea mientras viaja, amamanta, cocina, teje, o antes de dormir. Por algo lo llamamos lengua materna. Los niños empiezan a aprender el lenguaje con sus madres. La historia interminable de la vida humana.

Hasta ahora. No sabemos cómo influirá en nuestra historia que te haya criado un teléfono inteligente. Ni cómo la relataremos.

Tal vez porque estamos a punto de dar un salto evolutivo hacia un futuro en el que conviviremos con máquinas inteligentes, y esas máquinas no necesitarán la historia interminable de la misma forma que los seres humanos la han necesitado hasta la fecha. Habrá terminado.

Tal vez sea el comienzo de una nueva era, tan decisiva como cuando nuestro aparato vocal evolucionó hasta el punto en que pudimos decir RÍO, ÁRBOL, CUEVA, FUEGO, ESTRELLAS, SOL.

¿Quieres que te cuente quién hace rodar el sol cuesta arriba todos los días?

Los imperios desaparecen. Los edificios se alzan y se desmoronan. Y aun así, nos reunimos al hilo de una historia.

Háblame

¿De qué hablan, Shahrazad y Shahriar? ¿Llegan a hablar siquiera?
Durante toda la noche, ella cuenta. Al alba, guarda silencio.

¿Le pregunta él alguna vez cómo se encuentra?

¿Le da ella la bienvenida cada vez que regresa?

¿Y cuándo duerme él?

Nadie duerme mucho en las *Noches*. Y cuando duermen, sueñan.

Cae la noche.

Oh, dice Shahrazad, ahí están el porteador, los derviches, el
califa, las hermanas, las perras, y el secreto. ¿Os gustaría conocer
el secreto?

¡Oh!, dice el califa que está atrapado dentro de la historia y
no puede salir.

¡Oh!, se dice a sí mismo. Daría mi reino por conocer ese secreto. El saber es más valioso que el poder. (En realidad no lo
cree, pero, como hombre poderoso, queda bien).

¿Comenzamos?

La hermana mayor se pone en pie y empieza la historia (de
nuevo):

Todos vosotros, aquí reunidos por invitación mía, sabéis que tenía otras dos hermanas, no las damas bellas e inteligentes que os han entretenido esta noche con poesía, vino y sabiduría, sino un par de mujeres vacuas y envidiosas que se dedicaban a intrigar.

Mis tóxicas hermanas pretendían ganarse la vida como influencers, pero no tenían seguidores. Volvieron la vista hacia mí, contemplaron mi arduo trabajo, mis negocios con oro y plata, diamantes y esmeraldas, y algo de magia también, y conspiraron para robarme mis riquezas.

Jamás sospeché de ellas. Les pagaba las vacaciones. Estaba ocupada y feliz. El amor y el dinero no me interesaban. Mi pasión era mi trabajo. Resultaba fácil de engañar. Los amigos me advirtieron, pero se trataba de mis propias hermanas.

¿Qué habríais hecho vosotros?

Una noche organizaron un viaje en barco. Para darme las gracias, dijeron, por la generosidad que había mostrado hacia ellas. Cócteles, canapés, un joven cantante muy apuesto. ¡Ay, qué maravilla! Además, es cierto que me sentía algo sola, así que me encantó recibir todas esas atenciones.

Mas entrada la noche, mientras el barco se mecía con suavidad sobre el mar en calma, mis hermanas me lanzaron por la borda.

—¡Oh, Alá, sálvame!

Oscuridad y muerte.

—¿Qué es eso? Rocas. Una orilla. ¡Socorro!

Una isla deshabitada.

Mientras expulsaba el agua de los pulmones a fuerza de toser, vi un dragón que perseguía a una serpiente.

De inmediato olvidé mi aprieto y corrí al rescate.

(Nota de la autora: Como tú mismo harías, si fueras buena persona, acabaras de perderlo todo, hubieras sobrevivido a la muerte por ahogamiento y no tuvieras miedo a los dragones).

—¿Qué ocurrió después? —preguntó el califa.
—Ahora llego a eso —respondió la hermana.

La serpiente siseó con gratitud. Después, para mi sorpresa, empezó a mudar la piel. Debajo de ese sinuoso disfraz había un cuerpo hermoso de suave bronceado.

La serpiente era una yinnia.

La yinnia me dio las gracias con ambas manos y todo su corazón. Después me preguntó por qué iba en camisón y toda mojada.

Le relaté mi historia.

Cuando oyó lo que tenía que contar, reaccionó con indignación.

(Nota de la autora: Recordemos que la indignación es el elemento natural del reino yinn).

Prometió que me ayudaría.

En ese punto, la hermana recordó a los presentes que los yinns son tan excesivos a la hora de prestar ayuda como lo son en todo lo demás. Les gusta mostrar su gratitud de un modo performativo. Sin duda resulta desmesurado, pero como Shahrazad ha dicho en numerosas ocasiones, los seres sobrenaturales son desmesurados.

—¡Muy bien! —dijo la yinnia—. Pulverizaré a tus hermanas y podrás quedarte con sus cenizas.

—¡No! ¡Eso no! —exclamó la hermana mayor—. Ten piedad y muestra tu bondad para con ellas, igual que yo he tenido piedad y he mostrado bondad para contigo.

La yinnia miró a la hermana empapada con una mezcla de incredulidad y repugnancia. Humanos, incapaces de ver las cosas como son en realidad. O demasiado sentimentales o demasiado salvajes.

La yinnia reflexiona. Frunce el ceño. Luego su expresión se ilumina.

—¡Hermana! Te haré una última propuesta, lo mejor que puedo ofrecerte. ¿Aceptas?

La hermana protestó diciendo que no podía acceder hasta conocer las condiciones, pero la yinnia negó con la cabeza.

—Pulverizar o Aceptar.

La hermana aceptó. Con los yinns, la cosa siempre acaba igual: crees que tienes la mano ganadora, pero nunca es así.

—¡Muy bien! —exclamó la yinnia, al tiempo que un viento cálido llegaba de ninguna parte para secar a la temblorosa hermana, que de repente se encontró vestida con prendas suntuosas—. ¡Ji, ji! He convertido a las perras de tus hermanas en dos perras, y punto. Perras atadas con correa. Las encontrarás en casa, encerradas en un armario bajo las escaleras. Tu cometido será pegarles todos los días. ¿Me has oído? ¡PÉGALES TODOS LOS DÍAS! FUERTE. CON UN LÁTIGO.

»Si no, tu estúpido sentimentalismo será tu perdición y te matarán. Conozco a los humanos.

»En cuanto a ti y tu futuro, he enviado todo tu dinero y todos los tesoros que esas perras te robaron a una cartera de bitcoin segura.

»Tu elegante mobiliario, que ya estaría subastado si se hubieran salido con la suya, irá directo a la encantadora residencia que en este mismo instante he hecho aparecer para ti en la mejor calle de Bagdad. Es de nueva construcción, pero no importa.

»Si alguna vez vuelves a necesitarme, abre este relicario mágico y quema un mechón de pelo mío. Contraseña: SIERPE.

»Ahora ve y vive en paz. O todo lo que puedas.

La hermana se sentó. El califa se levantó e hizo una reverencia. ¡Menuda historia!

Nos encontramos ante uno de los temas preferidos de Shahrazad: el de aquellos que recompensan la bondad con traición, como las hermanas-perras, y aquellos que responden a la bondad con un premio, como hace la serpiente-ser mágico.

Al mismo tiempo, reaparece la vieja polémica de la justicia y la compasión. La hermana mayor quiere mostrar clemencia, pero la yinnia se lo prohíbe.

¿Qué diríamos al respecto si escucháramos esta historia alrededor de una hoguera?

El tiempo importa. En el reino mágico, las cosas pueden suceder en un instante. En el tiempo humano, todo tarda un poco más. La conciencia de uno mismo. La comprensión. El arrepentimiento. Son cosas que a los seres humanos pueden llevarles la vida entera. Si es que llegan a producirse. La mayoría se aferra a su maldad, a sus delirios, a su sed de venganza, a su victimismo. Puedes crear por arte de magia un montón de palacios, es fácil; bailarinas, alfombras voladoras, cofres llenos de tesoros. Ser humano es más difícil.

Tarde o temprano las hermanas-perras recuperarán su forma humana. Para entonces habrán aprendido la lección. Shahrazad nos recuerda que la gente no cambia de la noche a la mañana. Seguramente está pensando en Shahriar.

Aun así, las hermanas-perras fueron castigadas por algo que habían hecho y no por lo que no habían hecho, a diferencia de la larga serie de jóvenes que han muerto a merced de la rutina matinal de Shahriar.

¿Aprenderá él?

Y, si lo hace, ¿qué dirá esa primera noche que inaugurará otro comienzo, la primera noche sin una historia?

Del porteador al portal

Shahriar es un buen ejemplo de la definición de Einstein para la locura: hacer lo mismo a la espera de un resultado diferente.

Violar y decapitar a una virgen cada día no le reportará paz al sultán. No acabará con su desasosiego interior.

En las *Noches*, de una forma bastante natural, existe otro comienzo para el comienzo.

Nada empieza donde pensamos que lo hace. La primera página siempre nos remite a la anterior.

Cuando Shahriar descubrió la flagrante infidelidad de su esposa, llamó a su hermano y tuvo con él una charla codificada, de hombre a hombre, durante la cual descubrió que a este le había ocurrido lo mismo.

¿Qué debían hacer?

En primer lugar, asesinaron a todos los guardias, esclavos y consejeros a los que pudieron echar mano.

Después cayeron en una depresión.

¿Qué hacemos ahora?

No sabían cómo mirar hacia sus adentros, así que miraron hacia fuera.

¡Necesitamos un plan de bienestar!

¿Y si nos vamos al desierto a vivir como ermitaños?

¿Para qué?

Porque vivir como reyes resulta demasiado penoso. Porque si decimos que somos ermitaños podremos creer que miramos hacia dentro e intentamos comprendernos mejor, como toda esa gente que va a terapia para no tener que cambiar. Podremos publicar cosas sobre nuestro crecimiento personal.

Vale...

Y allá que se van, devotamente, cargados de buenas intenciones. Mala señal siempre. Cuando nos comportarnos como devotos cargados de buenas intenciones evitamos analizar nuestra propia conducta, lo que la yinnia consideraría el sentimentalismo y el salvajismo que caracterizan gran parte de la conducta humana. Eludimos tener que interpretar un problema de la forma adecuada. Averiguar el lugar que ocupamos en el panorama general. Actuar. Esperar. Esas cosas exigen paciencia y reflexión. Los dos hombres ricos y poderosos no son capaces de procesar la afrenta a su orgullo y su posición. Ni se les pasa por la cabeza que es en la desigualdad estructural del harén —también conocida como doble rasero— donde deben empezar a buscar. Pero ¿qué ha ocurrido exactamente? Que sus esposas se han aburrido y se han ido de picos pardos unas cuantas tardes. Nadie se ha marchado de casa. Nadie ha puesto una demanda por la custodia del perro. No hay acuerdo prematrimonial del que preocuparse porque esas mujeres no tienen derechos. Pero sí tienen cuerpos. Y mentes. Y toda clase de deseos.

Descubrir eso desencadena un colapso mental y emocional en ambos.

Así que allá que se lanzan al desierto. Solo beben agua. Solo comen pan. Leen las palabras del profeta.

Pero la devoción no es lo mismo que la santidad.

La devoción es un obstáculo en el camino hacia la santidad.

Ay, qué fervorosos son... Tan puros. Tan abnegados. Han dejado los espejos en casa. Son víctimas los dos.

Mientras recitan versos sagrados y lamentan su destino, aparece una gran nube negra. Un temible augurio que se condensa en la figura de un yinn enorme. Los hermanos se han subido a un árbol para ocultarse entre las ramas, igual que hará más adelante Simbad en otra historia. Observan al yinn mientras este abre la cerradura de un gran cofre y saca de su interior a una joven deslumbrante. El esfuerzo parece dejarlo agotado. Le da un beso con un sonido hueco, como el de un desatascador, y luego le dice que quiere dormir.

Ella acuna su descomunal cabeza y lo tranquiliza hasta que empieza a roncar. Luego deposita cuidadosamente la testa somnolienta en la arena y se dirige al árbol.

—¡Vosotros dos! ¡Los de ahí arriba! ¡Bajad aquí!

Los hermanos tienen miedo.

—Si no bajáis, lo despertaré, y entonces sí que tendréis problemas, espías de pacotilla.

Los hermanos se miran, asienten y medio descienden medio caen del árbol.

La mujer deslumbrante se desnuda y les ofrece su sonrisa más seductora.

—¿Quién de los dos quiere ser el primero?

—¡Yo no! —exclama Shahzamán, que prefiere a los muchachos.

—Yo tampoco —dice Shahriar, cuyo *zubb* se ha encogido de miedo.

La mujer deslumbrante hace una mueca.

—¿Acaso queréis que lo despierte? —Y coge un palo para toquetear la oreja del yinn.

Los hombres levantan enseguida las manos.

—¡Está bien! ¡Está bien! Si quieres sexo, tendrás sexo.

Mientras están en ello, la mujer les explica que la raptaron en su propia boda. El yinn andaba por allí disfrazado de nube —era una fiesta de disfraces, así que nadie se dio cuenta—, y entonces, cuando ella fue a desvestirse, mientras desenvolvía su camisón nuevo y se preparaba para disfrutar de la felicidad conyugal, la envolvió en sus vapores (huele a nueces encurtidas) y la transportó al palacio de sus placeres.

—¿Y tu marido? —preguntó Shahriar.

—Bah —dijo la mujer deslumbrante—. No hizo nada por salvarme. En apenas un mes lunar se había casado con mi hermana. Yo antes era una buena chica. Sacaba el perro a pasear, cuidaba de mi madre, daba limosna a los pobres, le reía los chistes a mi padre. Confiaba en todo el mundo. Ahora, deseo venganza.

Los hermanos terminan con su cometido sexual y la mujer se viste. De su bolso saca un largo collar del que cuelgan anillos.

—Adivinad cuántos hay.

Los hermanos se encogen de hombros. Son soberanos, no matemáticos.

La mujer deslumbrante sonríe de oreja a oreja.

—¡Quinientos setenta y cinco! Todos los hombres con los que me he acostado. Iba a bordarlos en la tela de mi tienda, pero la aguja no se me da bien. Y el oro me gusta. Si alguna vez escapo de esa bestia avinagrada, venderé esta ristra fruto de mi venganza para pagarme un pasaje adonde sea. Dadme vuestros anillos para la colección.

—¡Ni lo sueñes! —exclamó Shahzamán—. ¡Estos anillos son sellos reales!

La mujer deslumbrante cogió otra vez el palo.

—¿Queréis que lo despierte, entonces?

A regañadientes, los reyes entregan sus sellos y la mujer los engarza en el collar.

—¿Qué creéis que se siente cuando te rapta un bruto como ese y te obliga a vivir en un cajón de madera que arrastra de acá para allá según le place? Lo mataría si pudiera, pero es inmortal. Cuando ya no sea hermosa, él me matará a mí.

Los reyes no dicen nada.

La mujer les pregunta:

—¿Qué hacéis con vuestras esposas y concubinas cuando ya no son hermosas?

Responden que aquellas que han parido hijos siguen recibiendo alojamiento y un trato de respeto. A las que no se las casa; es lo apropiado.

—Lo apropiado... —repite la mujer deslumbrante—. Me pregunto a quién le parecerá apropiado.

Los reyes no contestan.

—Bueno —prosigue la mujer—, como sabéis, el poeta advierte que nunca hay que fiarse de las mujeres. Solo nos guiamos por nuestros deseos y ni una hay que no sea traicionera. Conozco todos esos versos. Mi padre solía recitármelos para instruirme sobre mi naturaleza. A los hombres les encantan esos poemas. Sus autores son hombres famosos.

»Algún día —añade—, las mujeres como yo escribiremos nuestros propios poemas. Hasta entonces, lo único que nos queda es la venganza. Ahora, marchad.

Los reyes salieron corriendo. A unos cuantos kilómetros, por fin pararon a descansar y encendieron un fuego. Se sentaron frente a él. Cayó la noche.

Se dijeron el uno al otro: *Compadezco a ese yinn. Resulta espantoso a la vista, y es cierto que apesta a vinagre, y también que es un loco malnacido, mira que raptarla en su noche de bodas, y la viola todos los días, sí, y la obliga a vivir en un cajón, y dentro de un par de años, cuando ella ya no tenga las carnes prietas y no sea tan suave y brillante como un lingote de oro, cuando se vuelva lacia y fofa, desde luego que la matará. ¡Pero pobre hombre! Imagina cómo se sentiría si descubriera lo de los quinientos setenta y cinco amantes...*

—Quinientos setenta y siete —lo corrige su hermano—. No te olvides de ti y de mí...

—La muy puta.

—Menuda zorra marimandona. Decirnos a nosotros lo que teníamos que hacer.

—Además de ladrona.

—Pronto será fea.

—Estará muerta antes de que te des cuenta.

—El tiempo le dará una lección.

Se levantaron y pisotearon el fuego para apagarlo.

—Aunque, ojo —dijo Shahriar—. Ha tenido una buena idea.

—¿Cuál? —preguntó Shahzamán.

Shahriar asintió con la cabeza.

—La de vengarse. Eso es lo que voy a hacer yo. Me vengaré de todas las mujeres.

—¿Regresamos a palacio entonces?

—Sí. Regresamos a palacio.

Saltamos a tres años después.

Mil noventa y cinco muchachas han muerto. Y no solo las muchachas... también los niños que no han nacido. ¿Cuántas muertes en total? ¿Si se incluye el futuro? ¿Puede que cinco mil?

Los reyes, como todo el mundo, sufren de sesgo de confirmación. Solo oyen lo que quieren oír. Buscan pruebas para corroborar lo que creen que es cierto. Al escuchar la historia de la mujer deslumbrante, podrían haberse sentido contritos pensando en las grandes injusticias que sufren las mujeres a manos de los varones, sean humanos o genios de la naturaleza.

En lugar de eso, entran en modo *bro*. Los hombres son víctimas de la sociedad. Las mujeres deberían recibir insultos y escarnio.

Es extraño, porque tres años y cinco mil litros de sangre después, ninguno de los dos se siente mejor.

Tu cuerpo. Mi decisión. Para siempre.

¿Y ahora qué?

Entra Shahrazad.

Ella es un portal.

En las *Noches* abundan las puertas que requieren de un hechizo para abrirse. Solo una palabra imbuida de poder lo conseguirá. Esas puertas de «Ábrete sésamo» ocultan tesoros y peligros.

Las hay como las que aparecen en los cuentos de hadas europeos. Oscuras. La típica puerta del castillo de Barba Azul. Si la abres, será por tu cuenta y riesgo.

Las hay que dan paso a Narnia, a mundos parecidos o distintos al nuestro y que están más cerca de lo que imaginamos.

Las hay que se multiplican, como las que intenta cruzar Alicia cuando llega al País de las Maravillas.

Las hay de aspecto corriente que resultan no serlo: la puerta del salón de *Coraline*, de Neil Gaiman.

Las hay con advertencia escrita, como la de «El porteador y las tres mujeres de Bagdad».

Las hay con marcas secretas. Así es como la resuelta M salva la casa de Alí Babá del ataque de los cuarenta ladrones: sencillamente marca todas las puertas del vecindario.

Con una puerta marcada empieza la historia de *El hobbit*, para gran fastidio de Bilbo.

En el relato judío de la Pascua, una puerta marcada es un mensaje para el Ángel de la Muerte, de modo que el vengador sepa a quién pasar por alto y a quién llevarse cuando Dios envíe su plaga definitiva sobre Egipto.

¿Cuándo una puerta no es una puerta? ¿Cuándo es algo más que una puerta?

Un portal es una puerta con carácter. Es solemne. Se anuncia a sí mismo como una construcción por derecho propio. Puede encontrarse al fondo de un pórtico. Puede estar decorado u ostentar inscripciones. Insta a todo el que se acerca a fijarse en él.

En el lenguaje de las redes, un portal proporciona acceso a otros sitios o páginas web. El portal recopila información de diversas fuentes en un único sitio. El portal, aquí, es *activo*.

La forma de acceder a una realidad alternativa es a través de un portal activo. Se trata de umbrales y puntos de entrada mágicos, o energéticos, que parecen tener cierto poder de decisión sobre quién pasa al otro lado y quién no. Puede que no lo atravieses, y si lo haces, puede que no regreses.

Una amiga mía que tuvo una experiencia cercana a la muerte cuenta que se vio de pie delante de una puerta impresionante —un portal— que parecía algo vivo, en tanto que estaba compuesto por sus recuerdos, vistos como imágenes en movimiento que daban la sensación de ser tridimensionales, no como si fueran fotografías o vídeos. Cuando estaba a punto de cruzar ese puerto de entrada que se multiplicaba, comprendió que podía elegir. Despertó en la cama del hospital después de haber pasado bastantes horas inconsciente.

¿Es el cerebro, que juega con nosotros? Tal vez. No importa. No importa en el mismo sentido en que no importa si Dios existe o no; lo que resulta interesante es nuestra relación infinita con ese ser. ¿Qué más da si nos hemos inventado a todos nuestros dioses y todas nuestras quimeras sobrenaturales? Fantasmas, hadas, yinns, ángeles, demonios. Qué maravillosas son nuestras mentes...

¿Resulta fantasioso creer en otra realidad que no sea la del plano terrenal? Tal vez, pero nuestra imaginación se ha negado a dejar de viajar hacia esas tierras soñadas, a pesar de los grandes esfuerzos del materialismo científico.

Lo que es. ¿Y si...?
Lo que es. Lo que no es.

La función del arte es la de actuar como un portal. Otras experiencias. Otros tiempos. Otros mundos. Otras realidades.

Cual alfombra voladora, nos traslada del momento presente en la cocina, o en el autobús, o trasteando con el teléfono, a algún otro lugar, a un recuerdo, a una sensación del cuerpo, no solo de la mente. Es una experiencia total. Decimos que lo que leemos, o vemos, o escuchamos, nos conmueve, y el verbo conMOVER es justo eso: un cambio de lugar. Hemos cruzado el portal.

Esta experiencia —y su búsqueda— es ancestral y moderna. Es significativa en la experiencia humana. Crear otras realidades y desear, durante un rato, elevarnos hasta ellas es algo que está presente en toda la evolución humana. No hay que ser antropólogo ni científico social para reconocer ese fenómeno. Es algo evidente.

Cada vez que se nos permite o somos capaces de mirar nuestro mundo de una forma distinta, regresamos a la vida centrifugados.

Es importante. Vivir el presente. Fijarse en las cosas. Observar. Ver lo que es... y utilizarlo como portal hacia otras realidades. No me refiero a hombrecillos verdes ni a abrazar supersticiones irracionales; me refiero a la capacidad imaginativa y creativa que llevamos dentro y que percibe más de lo que el ojo ve.

El caso es que la mayoría no somos místicos. Solo podemos acercarnos a la infinitud a través de la realidad. A la Nada a través del Algo. A una vida sin límites a través de nuestra condición limitada.

Eso es lo que el arte posibilita.

Pensemos en una escultura de Barbara Hepworth. Esas que conoce todo el mundo: grandes masas de piedra maciza atravesadas por agujeros. La piedra ocupa el espacio físico, pero el agujero desvía nuestra atención de la masa al vacío, hacia el agujero mismo. No estamos mirando *a*, estamos mirando *a través*. Eso nos permite ver la Nada: una visión asombrosa que suele estar reservada a los dioses. Dioses que, como desvelan tantas historias de la creación, comprendieron el Algo que hay en la Nada, y con ello crearon mundos.

La escultora británica Rachel Whiteread llevó aún más lejos el Agujero de Hepworth e hizo moldes de los espacios que quedan debajo de objetos corrientes, como una mesa o una silla.

Al mirar ese «espacio» repentinamente sólido, una suerte de objeto negativo-activo que se ha formado a partir del objeto corriente positivo-pasivo, en el que a menudo no nos fijamos, vemos de una forma distinta tanto el objeto familiar como su sombra-espacio. Ya no es un vacío. Es un no-objeto visible.

En la vida cotidiana no reparamos en nuestro entorno. En casa o en el trabajo, los objetos que nos rodean nos resultan familiares. En cuanto un objeto está en su lugar y en uso, deja de existir salvo como función (tirarse en el sofá, sentarse a la mesa, meterse en cama) o como decoración (obras de arte, adornos).

Con el paso del tiempo, incluso nuestras parejas tienden a la invisibilidad.

Fuera, en la calle, tenemos los teléfonos y los auriculares para impedir que interactuemos con otras personas y cosas. Evitamos el contacto visual. Los hombres molestan a las mujeres guapas, pero ni siquiera se dan cuenta de la existencia de las demás.

En un día normal, no nos fijamos en nuestro mundo. Cuando llegamos a un lugar nuevo, sí, miramos a nuestro alrededor, pero únicamente hasta que lo integramos en nuestro mapa mental. En ese momento queda reducido a un bar, un restaurante, unas vistas.

La locura de fotografiarlo todo —sin mirarlo— nos arrastra cada vez más lejos de cualquier contacto con lo real. Mirar algo, cualquier cosa, es un ejercicio de concentración. Lo que sea que estés viendo y tú: una combinación única.

Estoy convencida de que la gente es adicta a enamorarse porque se trata de una de las escasas ocasiones en que de verdad miramos y no dejamos de mirar. Ponemos todo nuestro empeño en aprendernos las facciones de ese otro rostro. Despierto o dormido, nuestro ser amado es un territorio recién descubierto. Cada susurro y cada curva, cada recodo y cada montículo deben quedar trazados en el mapa. La percepción sensorial aumentada que acompaña al hecho de enamorarse resulta liberadora. Creemos que siempre será así: el olor de la lluvia, el sonido de unos pasos, el increíble color de esa puerta mientras espero a que salgas por ella, el roce de tu piel, que convierte el ir de la mano en braille. El agua de la ducha que compartimos, cada gota cayendo como una *yod* de fuego. ¿Me ha limpiado o me ha quemado? Con repentina vista de lince, te localizo en medio de una muchedumbre. Nada es impreciso, nada es borroso. Estoy viva.

(Nota de la autora: La *yod* es la décima letra del alfabeto hebreo. También es el Dedo de Dios).

Ese embotamiento de la vida, esa vaguedad, no tiene por qué ser nuestro estado normal. No podemos solucionarlo enamorándonos continuamente, pero sí podemos utilizar el arte para despertar.

En ocasiones, cuando me siento perdida en lo literal, voy a un museo o a una galería igual que si acudiera a un consultorio médico sin cita previa. Busco algo que mirar, una única cosa. Y la miro. Ya está.

En primer lugar, la contundencia de la forma se impone sobre el desorden que pueda imperar en mi cabeza. Barre los fragmentos de ese mundo embrollado. No tengo que apartar la mirada del caos en el que me encuentro inmersa ni de la tristeza que siento; lo único que he de hacer es mirar ese objeto.

Eso, de por sí, induce una calma meditativa. Aparta mi mano del botón del pánico. Enfoco la mirada. Empiezo a fijarme en los detalles. En ese momento veo de verdad. Estoy con la obra de arte y la obra de arte está conmigo. Hay intimidad.

No pienso en algo inteligente que decir, no me pregunto cuánto vale ni nada relacionado con la biografía del artista. La obra de arte sola y yo sola con la obra de arte.

Y lo curioso es que, una vez que estoy ahí, quieta, firme, de nuevo tridimensional y no deshilvanando alguna locura febril de mi mente, entonces —solo entonces— puedo encontrar el portal.

Puedo acceder al territorio invisible del que ese objeto visible ha trazado el mapa.

Puedo moverme desde lo que es evidente hacia lo que no. *Lo que es. Lo que no es.*

La mayoría de nosotros habitamos muchísimo tiempo en un espacio mental no visible de ansiedad o fantasía. Estamos descontentos con nuestras vidas, con nuestros cuerpos, con lo que tenemos. Buscamos escapatorias pasajeras.

La vida creativa puede sacarnos de nuestras cárceles mentales. El primer paso consiste en traernos de vuelta al mundo real que nos rodea. Enseñarnos a no evitarlo, desdibujarlo, embotarlo o fingir que no está ahí. Una vez sentimos que hacemos pie en el mundo real, la vida creativa puede llevarnos más allá de él, y a través de él, hacia esos Otros Lugares que existen en todas y cada una de las interpretaciones imaginativas de lo que significa ser humano.

Sé que si un arquitecto del malestar tuviera que diseñar un mundo que garantizara la destrucción de la vida mental, espiritual, emocional, imaginativa y creativa de los seres humanos, en todas partes, ese mundo sería este.

Pese a ser una joven sin apenas medios que vivía en una ciudad espantosa, al menos contaba con los libros y la naturaleza. Eso basta para salvar a cualquiera.

Para miles de millones de personas no existen los libros. Ni la naturaleza. Ni la belleza. Ni el arte.

Eso no significa que debamos aceptar esta situación.

No significa que sea prueba de que el arte es para unos pocos y no para muchos. Deberíamos sentirnos tan indignados como un ifrit al ver que el arte les ha sido robado a esos muchos. Les han robado demasiadas cosas: agua potable, alimento, un hogar digno, educación, seguridad, un trabajo con un salario decente. Una vida dotada de sentido.

Tampoco deberíamos desestimar cualquier esfuerzo por cambiar las circunstancias considerándolo elitista.

No es cuestión de una cama o un libro, una comida caliente o una clase de baile. Rechacemos esas falsas disyuntivas.

Siempre hay dinero suficiente para una fábrica de armamento. Siempre hay dinero suficiente para otra guerra. Un mundo en el que podríamos vivir bien es el mundo que nos aseguran que no podemos permitirnos. O esa es la historia que se cuenta.

Una historia mejor no comienza con mejores intenciones. Ni con un plan mejor. Ni con una complicada hoja de cálculo o un gráfico o una empresa de RRPP que vende cualquier cosa sin creer en nada.

Una historia mejor empieza con una historia mejor.

Y eso es algo que Shahrazad sabe. Los razonamientos no pueden hacer frente a la crueldad contumaz de Shahriar. Él está encerrado en una cárcel mental de la que no puede salir. Cada vez que lanza su puño contra la pared, una mujer muere. Nadie ha sido capaz de hacerle cambiar de opinión. Ni visires, ni legistas, ni padres rogando por sus hijas. Ningún enviado especial.

No es la opinión de Shahriar la que debe cambiar. Es su imaginación, que está hecha jirones. No sabe ver más allá de sí mismo.

Ninguna intervención da en el blanco porque todas apuntan a una diana equivocada. La razón no se impondrá. Sin imaginación, nada cambia.

Entra Shahrazad. La puerta de salida de la locura. El portal hacia la cordura.

Shahrazad empieza a tejer sus cuentos en ese espacio reducido en el que podría estar la imaginación. Color. Textura. Patrones.

Empuja a Shahriar de vuelta al mundo de la percepción física cotidiana. Los aromas de la comida, mares embravecidos, vientos del desierto, pescado fresco, granadas abiertas. Bostas de camello. Lo ayudará a escuchar a escondidas conversaciones secretas, deseos, conspiraciones, traiciones, promesas de amor, hechizos mágicos. Le mostrará lo peor y lo mejor de hombres y mujeres; gente a la que no conoce, no aduladores y soldados. Lo hará correr por las callejuelas más pobres y meterse en las guaridas de criaturas fantásticas. Le mostrará a un pescador que pasea a solas por la orilla, con unas sandalias enjoyadas en la mano, mientras la luna pende cual bandeja de plata por encima de un mar que se extiende como un manto oscuro.

Abrirá para él un plano de la existencia que no se encuentra en los palacios elegantes ni en los tesoros más opulentos. La vida es algo más que las posesiones y el control que pueda ejercerse sobre los demás.

Shahriar aprenderá a verse como algo más que un rey. Se reconocerá como parte de los patrones que ella teje. No como el dictador aislado, temido y odiado por todos, sino como un hombre, igual que muchos otros. Vulnerable. Solitario. En color. Ya no en blanco y negro.

Ella lo guiará hasta sacarlo de sus oscuras fantasías y llevarlo al mundo real.

Y una vez allí, le mostrará lo que hay más allá.

Extraños entre lo extraño

Noche 567.
Es extraño.
¿El qué?
Que supiéramos desde el principio que llegaríamos aquí.
¿Dónde estamos?
En la Ciudad de Cobre.

Esta historia habla del colapso climático. De la IA. De las criptomonedas. Del polvo eres y en polvo te convertirás. De la arrogancia. La humildad. La codicia. La aventura. Los gigantes tecnológicos. El rey Salomón. Una mujer con una advertencia. El mundo que fue y el que será.

Hay ejércitos, lágrimas, tesoros, sirenas, alfombras voladoras, autómatas y genios de la naturaleza.

Es una historia que dura once noches. Una zona a poco más de medio camino que repite, recuerda, reanuda, revisita y revela.

A estas alturas, Shahrazad ya ha dado a luz un hijo y vuelve a estar embarazada. Está protegiendo el futuro lo mejor que puede.

Esa noche, su historia trata sobre el pasado. Tal vez.

Empieza como una película de Indiana Jones.

El rey Salomón había recibido tanto poder de Dios que gobernaba mares, vientos, cielos y cualquier entidad no biológica. Los yinns lo servían con la misma diligencia que hombres y mujeres. Y cuando no lo hacían, el rey tenía fuerza suficiente para encerrarlos en vasijas de cobre y arrojarlos al mar.

Pero vayamos al grano, como hará Shahrazad.

El aventurero, Táleb, está hablando con el rey.

—¿Sabéis esas vasijas de cobre? —decía Táleb—. Pues, pese a los años que han pasado, aún quedan algunas.

—¡No me lo puedo creer!

—¡Sí! ¿No recordáis la historia del pescador? ¿Aquel que sacó una del mar? El yinn llevaba mil ochocientos años encerrado en ella y la tapa estaba asegurada con el sello salomónico.

—¡Vamos, Táleb! ¡Solo era un cuento!

—Rey de todos los tiempos, confiad en Táleb. Os digo que aún quedan vasijas por encontrar. Y además no muy lejos. En el norte de África.

El califa reflexionó sobre lo que acababa de escuchar. Táleb era un buen narrador de historias, pero eso no es lo mismo que un narrador de historias verdaderas. ¿Verdad?

El califa probó suerte. Lo que arriesgas revela lo que valoras.

—¡Táleb! Si lo que afirmas es cierto... Bueno, en cualquier caso, lo sea o no lo sea, te autorizo a viajar a El Cairo. Entrégale cartas de mi parte al comendador Musa. De él no dudo. Entre los dos, disponed una expedición y traedme al menos una de esas vasijas maravillosas. Será caro, lo sé, pero no es nada comparado con la fama que el descubrimiento nos reportará.

Táleb se abastece de látigos y camellos, de provisiones y oro, y parte.

En Egipto, se reúne con Musa, un hombre ciertamente decente y honesto. Valeroso, pero dado a la lamentación por la situación del mundo. (Nota de la autora: Musa continuará lamentándose a lo largo de esta extensa historia). A pesar de su sensibilidad, también es hombre pragmático, y por eso es él quien encuentra al guía perfecto para esta clase de aventura.

Entra Sámad. Es un hombre mayor —se necesita experiencia en este viaje— y un erudito que domina todas las lenguas. Sámad conoce cuantas rutas existen, ya sea a través de montañas o desiertos, e incluso las que no existen aún.

Los tres hombres forman la Compañía y emprenden el viaje.

Sé que hoy en día se supone que todos estamos inmersos en un viaje. En busca del bienestar. En pos de nuestro héroe interior. En mitad de la historia del periplo.

La Ciudad de Cobre no es un relato de héroe. No es un periplo. Es algo más modesto, porque Shahrazad conoce el peso y el verdadero valor que encierra lo humilde. La historia es una misión (encontrar las vasijas de los genios) convertida en un viaje que trasciende el «¿Qué camino escogemos?», «¿Dónde está el tesoro?».

En las *Noches*, los auténticos cambios, tanto interiores como situacionales, suelen hallarse en las acciones sencillas del día a día. Nadie pretende destruir una planta de uranio enriquecido ni derribar una nave espacial hostil.

En estas historias sobre las cosas cotidianas de la vida, alguien sufre una traición, o se enamora, u oye una canción extraña a través de una ventana, o acontece la intervención de un ser no biológico, o me pongo celoso, o tú conspiras en mi contra, o yo compro un objeto sin valor que resulta ser mágico. O me rapta un yinn, o me topo con una ciudad doblada en un bolso, o con otra a la que solo puede accederse en alfombra voladora.

Si hay algo que a las *Noches* se les da bien es la alquimia de lo ordinario.

Nos hemos vuelto adictos a la idea de lo extraordinario; pensamos que todos deberíamos serlo, que debería ocurrir algo a cada momento, que una vida tranquila es aburrida, que las cosas solo tienen valor si nos hacen ricos o famosos. Las noticias de última hora nos agotan con su rueda infinita de acontecimientos.

Los jóvenes, en especial, quieren destacar, quieren ser ese de quien todo el mundo habla, y se ven a sí mismos no como rebeldes sin causa sino como héroes cuyo periplo se mide por la cantidad de seguidores que tienen.

Una joven como Greta Thunberg resulta interesante, porque empezó a pequeña escala y a nivel local —como lo haría un héroe— y tiene una causa por la que vale la pena luchar. No se trata de alguien trivial, y por eso la odian gran parte de los medios de comunicación.

No critico a los jóvenes. Mi generación ha hecho bastante daño a los valores de la sociedad civil y a las virtudes de lo corriente. Mi generación podía esperar razonablemente un trabajo que le proporcionara un hogar, una vida digna, un entorno seguro y agradable, algo de diversión, algo de responsabilidad. Es con lo que podía contar un obrero. Con educación universitaria, incluso podía aspirarse a más.

Ahora ya no. Y la doctrina sectaria del neoliberalismo fue/es el arma de destrucción masiva.

Para demasiadas personas, la vida se ha convertido en el periplo equivocado. Cuando tienes que luchar a diario para salir adelante es difícil creer en un futuro. Es difícil hallar satisfacción en el ritmo martilleante de la vida.

Por eso las emociones se hacen necesarias, ya sean drogas o invertir en criptomonedas. El olvido se hace necesario, ya sea a través del alcohol o adentrándose en un mundo de fantasía en internet. En la actualidad, lo verdaderamente difícil es labrarse una vida. Nada más que eso. Una vida anónima que valga la pena.

No es algo nuevo, ya lo vimos en los estragos anegados en ginebra que causó la revolución industrial. El sistema de producción industrial tardó cerca de un siglo en aportar beneficios reales a los trabajadores. En las clases de historia aprendimos que la pobreza y la miseria de millones de personas fue el precio que exigió el progreso.

¿El progreso?

Jornadas de doce horas, seis días a la semana. Para que luego tiren abajo tu casucha porque tienen que instalar las vías del tren. Ante todo, lo que se les robó a esos obreros fue cualquier dignidad humana, o sentido personal, para convertirlos en nada más que un par de manos que operaran las máquinas.

La revolución industrial se inició en Inglaterra en los tiempos de la Revolución francesa (1789) y la Declaración de Independencia de los Estados Unidos (1776), movimientos filosóficos que pretendían crear sociedades más igualitarias y abiertas. (No para las mujeres, ya lo sé, pero es la historia de siempre).

En cualquier caso, la nueva corriente de pensamiento supuso un verdadero desafío para el poder y el *statu quo*. Nos encontrábamos ante una creencia sincera en la justicia social; era la primera vez, que yo sepa, que un relato secular sobre los derechos humanos cuestionaba las jerarquías interpuestas por Dios. El rico en su castillo. El pobre a su puerta. Ya no. Al menos en teoría.

Los británicos despreciaron la Revolución francesa y se opusieron a la independencia estadounidense. En la práctica, las ideas de libertad e igualdad apenas influyeron en la manera en que Inglaterra gestionaba las inmensas riquezas de la revolución industrial. Manchester, mi ciudad natal, dependió del algodón que producían los esclavos hasta la Proclamación de Emancipación de 1863, que tuvo lugar en el transcurso de la sangrienta guerra civil americana.

Aun así, Francia abolió a sus reyes. Estados Unidos se independizó... y redactó una constitución para proteger los derechos del hombre.

Había empezado un nuevo relato.

Y, como las historias de las *Noches*, aún no ha acabado de contarse.

Con eso quiero decir que nos corresponde a nosotros hacerlo.

La revolución industrial no tendría por qué haberse erigido sobre beneficios desaforados y miseria humana.

Podría decirse que nos enfrentábamos a algo que no conocíamos, y hasta cierto punto podría admitir ese argumento —usado entonces—, pero, en la actualidad, lo que es inadmisible es que haya quienes sean incapaces o contrarios a replantearse la idea demencial de que quienes hagan o hereden toneladas de dinero solo tengan para con la sociedad las obligaciones que ellos escojan (filantropía) y no deban estar sometidos a una equidad tributaria.

Si obligamos a los superricos a pagar lo que les corresponde, se marcharán, eso es lo que se dice. En fin, solo tenemos un planeta. Si los doscientos y pico países del mundo acuerdan el mismo plan, ¿adónde huirán los ricos?

¿A Marte? ¡Eh! ¡Señor Musk!

No se trata de penalizar la creación de riqueza. Se trata de oponerse al robo.

En el Reino Unido, los impuestos de la clase obrera se utilizaron durante cerca de doscientos años para pagar los intereses de una de las mayores deudas de la historia. En Gran Bretaña, los dueños de esclavos, no los esclavos, recibieron una compensación por la pérdida de patrimonio (los esclavos) cuando en 1834 se abolió la esclavitud.

El Gobierno británico solicitó un préstamo de veinte millones de libras, lo que por entonces suponía un 40 por ciento del PIB. Ese préstamo no se terminó de pagar por completo hasta 2015, algo de lo que el público solo se enteró cuando un funcionario del Tesoro tuiteó que la deuda por fin se había liquidado.

Estamos en los albores de la revolución de la IA, y eso podría suponer una vida realmente mejor para todos, aunque no parece que vaya a ser así. Seguimos creyendo en la manida historia de las jerarquías. De la miseria a la riqueza; el niño pobre sale adelante. Si gano, se debe a mí. Si pierdo, no se debe a que este mundo se niegue a ayudar a sus ciudadanos a labrarse y llevar una vida digna normal y corriente. Pierdo porque soy un perdedor. Los juegos del hambre.

¿Y ahora? Todo lo nuevo comienza con un acto de la imaginación.

Lo que es. ¿Y si...?

Lo que es. ¿Lo que no es?

Una economía global que funcione para la mayoría no es un sueño infantil. Está a nuestro alcance.

No es necesario seguir repitiendo el tema del héroe/salvador, que la persona adecuada resolverá todo milagrosamente y salvará el mundo.

En sociedades y mercados tan interconectados como están los nuestros hoy en día, la vida solo puede ser una historia de éxito si todos la compartimos.

El modelo héroe/periplo no es la plantilla que necesitamos.

En las *Noches* aparecen algunos héroes, cierto, y son personas del lugar. Se las arreglan para salir adelante sin pensar en la fama mundial.

La expedición emprendió el viaje, y tras muchos días y noches llegaron a un palacio.

El guía Sámad le dijo a Musa que entrara. Había algo que debía ver.

El ornamentado palacio era extraño e inquietante. Sus estancias y patios estaban construidos con los materiales más exquisitos. En el centro se alzaba una cúpula que se elevaba hasta el cielo. La rodeaban cuatrocientas tumbas.

Sin embargo, después de ir de habitación en habitación, los hombres no encontraron a nadie, allí no había criatura viva ni restos de que la hubiera habido.

—¿Qué propósito tiene este lugar? —le preguntó Musa a Sámad.

El guía suspiró y empezó a traducir del griego. Lo que leyó fue un lamento por la vida. La vida como el bien más preciado de todos. La historia de un rey poseedor de riquezas incalculables que agonizaba.

En su lecho de muerte, el rey hizo llevar ante él sus innumerables y ricas posesiones. Oro y plata, piedras preciosas, perlas y otros tesoros.

Preguntó a sus consejeros si toda su fortuna podía comprarle, aunque solo fuera un día más en la tierra.

Nadie contestó. El rey alargó la mano. Nadie se la sostuvo.

Cuando Musa meditó esas palabras, se echó a llorar. Lloró por la futilidad de la humanidad, por su obsesión con el poder y las riquezas. En la tumba del rey se leía:

Viví como un león despiadado. No conocí el descanso. Jamás presté nada con desinterés, no, ni un grano de mostaza. Fui temido, pero no amado. Mis soldados no me asistieron. Ningún amigo acudió en mi auxilio. Nada podemos ante la muerte. Este mundo no es la respuesta.

—¡Qué duda cabe que el propósito de la vida es más importante que las riquezas! —le dijo Musa a Sámad.

—El propósito de la vida es sin duda amar a Dios —convino Sámad.

«¿Cómo es el amor cuando lo vivimos? ¿Cómo sería el amor si pudiéramos vivirlo?», pensó Musa, aunque no lo dijo.

Los hombres abandonaron el palacio. Continuaron su viaje en silencio. Días después llegaron a una loma. La loma estaba coronada por un caballo de cobre. Un jinete de cobre montaba a lomos del caballo.

La inscripción rezaba: «Si no conoces el camino que conduce a la Ciudad de Cobre, frota mi mano y pon rumbo hacia donde señala».

Temeroso y fascinado, Musa frotó la mano del guerrero, y en ese momento el caballo de metal agachó la testuz. El jinete se alzó en la silla. Apuntó con la mano. El camino estaba claro.

Los autómatas ya se conocían en Arabia en el siglo VIII. Figuras móviles y de apariencia autónoma cuya construcción se basaba en técnicas desarrolladas por los antiguos griegos y egipcios —técnicas basadas en engranajes, ruedas y palancas—, para deleite de ricos y asombro de viajeros.

Como ocurre con los algoritmos, los autómatas funcionan siguiendo una serie de pasos preestablecidos que deben darse en un orden determinado. La diferencia entre los autómatas y los robots reside en que los robots funcionan con electrónica y los autómatas con mecanismos de relojería.

Cuenta la leyenda que el rey Salomón (el mismo que encerró al yinn rebelde) empleaba autómatas como parte de su magia. Cuando subía las escaleras hasta su trono, un león y un buey se erigían a ambos lados y alargaban una garra y una pezuña respectivamente para ayudarlo en el ascenso. Luego un águila le llevaba la corona mientras una paloma abría el rollo de la Torá.

Algo parecido habría sido posible. Los ingenios mecánicos no son arte moderno.

Muchas personas que veían moverse y hablar a los autómatas creían que, en cierto sentido, estaban vivos, o al menos habitados por algo vivo. En las *Noches* no es necesario explicar la presencia de entidades no biológicas; existen, sin más. Junto a nosotros. Otros planos de existencia. Un mundo flotante.

En este contexto, la adoración de ídolos es lógica. Haces una estatua y el choque entre tu necesidad y un dios que pasaba por allí infunde vida a la imagen.

La prohibición de la idolatría no pretendía negar la conflictiva coexistencia de distintos planos. Solo señalaba que no era correcto representar, o mejor dicho tratar de apresar, lo que ningún tipo de recipiente puede contener. El destino del yinn que desafió a Salomón resulta terrible, porque estos seres son, por naturaleza, conscientes y expansivos. Encerrarlos en una vasija es lo peor que puede hacérseles.

Cuando los niños hablan con sus peluches o sus muñecos, de algún modo están creando vida, tal como ellos la entienden. Y de una manera muy bella, pues creen que lo que amamos por fuerza ha de estar vivo.

Diría que a todos nos pasa algo similar con ciertos lugares especiales, o un árbol favorito, o cuando nos sentamos en nuestro sitio frente al río. Estamos en íntima comunión, no nos sentimos solos, sino completos. ¿Qué más da si se trata de una proyección o no? En cualquier caso, es un animismo benévolo, o tal vez panteísmo.

El panteísmo creía en la naturaleza viva y participativa de... bueno... de todas las cosas. Dios es difuso. Está en todas partes. Todo es sagrado. Y es con ese todo con el que nos relacionamos. La vida no está hecha de cosas, sino de relaciones. Es cierto que incluso las personas vivas solo cobran vida para nosotros cuando nos sentimos conectados a ellas. Como también lo es que los muertos permanecen vivos para nosotros.

Los objetos mecánicos nos obligan a confrontar el mito de nuestra propia superioridad.

¿Qué hace tan especiales a los seres humanos? La respuesta solía ser el alma. Lo único que ni un objeto mecánico ni un genio de la naturaleza podían poseer. Y entonces nos vemos obligados a confesar que muchas personas viven como esos objetos, moviéndose por inercia, hasta que su mecanismo de relojería deja de funcionar.

Una historia de la creación como la judeocristiana del Génesis muestra a Dios creando un modelo e insuflándole vida. No es muy distinto a lo que hace un ser humano al modelar una figura, como Pigmalión con su bella estatua, y verla cobrar vida.

Estas historias, tan persistentes, regresan en la actualidad con una fuerza sorprendente de la mano de la IA. La IA incorporada o encarnada, o sea, los robots, pronto será un elemento habitual en nuestras vidas. Estableceremos relaciones con ellos, hablaremos con ellos, compartiremos nuestros secretos con ellos y acabaremos dependiendo de ellos. ¿Diremos que están vivos?

Muchas personas consideran que la conciencia es el factor decisivo que establece la línea divisoria. La IA es inteligente, pero no es consciente. La IA es predictiva y puede ser generativa, pero no entiende lo que hace. La IA no sabe pensar. Y pensar lo es todo, ¿verdad? Tal vez.

René Descartes (1596-1650), filósofo y matemático francés, creía que el intelecto es lo que hace que los seres humanos sean superiores. La capacidad para el pensamiento racional. (Algo que no se aplicaba a las mujeres, por cierto, quienes eran incapaces de razonar, según él).

Descartes es famoso por su máxima: «Pienso, luego existo». Lo único que un humano puede saber con certeza es que piensa.

Parece ser que a Descartes no se le daba bien relacionarse con los demás. Fue al debatir consigo mismo lo que podía saber, y saber más allá de toda duda razonable, cuando se le ocurrió lo del *Cogito ergo sum*.

No dijo: «Te quiero y sé que me quieres».

Descartes debió de querer a su hija, porque construyó una autómata a su imagen y semejanza que llevaba con él a todas partes. Algo extraño para un ultrarracionalista.

Su atrincheramiento extremo en «el hombre como mente» lo condujo a conclusiones curiosas y execrables. Pese a todas las pruebas en contra, afirmaba que los animales no sufrían, y cuando hablo de pruebas me refiero a cómo se acobardaban, temblaban, gimoteaban y chillaban cuando los torturaba.

Ignoremos su dolor y su afecto, decía Descartes. Los animales solo son «autómatas biológicos».

Sabemos adónde nos ha conducido su visión reduccionista de la vida.

Nunca confíes en un hombre con una niña mecánica.

Cuando Alan Turing teorizaba acerca de la posibilidad de que las máquinas llegaran a disfrutar de una inteligencia de tipo humano, le quitó el polvo a la olvidadísima (por entonces) Ada Lovelace, quien en la década de 1840 había afirmado que la computadora que Babbage estaba construyendo, y que nunca acabó, sería programable (así lo expresó ella) pero no creativa. No ofrecería respuestas que se derivaran de la imaginación.

El artículo académico de Turing, «Maquinaria computacional e inteligencia» (1950), incluye un apartado titulado «La objeción de Lady Lovelace».

Turing estaba convencido de que las máquinas serían creativas, y, como sabemos, la creatividad es imposible sin conciencia.

No deberíamos precipitarnos en asegurar que las máquinas nunca serán como nosotros solo por calmar nuestro desasosiego. No poseen sistema límbico, cierto. No «sentirán» como lo hacemos los seres humanos.

¿Considerarán que los seres humanos sufrimos?

Quizá nos vean como «autómatas biológicos».

La Compañía prosigue su viaje.

En silencio, llegan a un pilar de piedra negra que encierra en su interior una figura hundida hasta las axilas.

Y menuda figura resulta ser. Dos enormes alas de dragón. Cuatro manos. Dos de ellas son como las vuestras y las mías. El otro par son garras de león. Tiene pelo, pero no como el vuestro o el mío. Una cabellera tan larga y gruesa como la cola de un caballo, una cabellera con la que se podría envolver tres veces a un hombre y hacer una barba para su suegra. Tiene dos ojos, cada uno en el lugar habitual, a ambos lados de unas aletas de la nariz que se agitan con irritación. Y en medio de la frente, un tercer ojo —el ojo de un animal feroz— que lanza chispas.

La figura, alta y erguida en su ajustada envoltura, gritaba todo el tiempo, pero ¿a quién en ese lugar desierto?

—¡Alabado sea Dios por mi aflicción! —gritaba todo el tiempo.

El miedo recorrió la Compañía. Musa animó a Sámad a acercarse a la criatura, diciéndole:

—¿Ves? No puede ir hacia ti ni hacerte daño de ninguna manera. Está atrapado. ¡Deprisa! Pregúntale. Su nombre. Su castigo.

Sin entusiasmo alguno, Sámad obedeció y se colocó al pie de la piedra lisa e imponente.

—¿Qué eres? —gritó—. ¿Cómo te llamas? ¿Por qué has acabado donde estás?

—Soy un ifrit —contestó la criatura—. Condenado por el Dios único y verdadero. Mi historia es una historia extraña.

Un momento... detengámonos aquí... antes de que siga hablando.

No sé si Samuel Beckett había leído las *Noches* cuando pensaba en escribir su obra de teatro *Los días felices* (1961). En el primer acto, Winnie está enterrada hasta la cintura. En el segundo, hasta el cuello.

Beckett dijo de Winnie:

Algo empieza; luego empieza otra cosa. Ella empieza, pero no lo acaba. La interrumpen constantemente o se interrumpe ella. Es un ser interrumpido.

Un ser interrumpido es la peor pesadilla de un escritor, o al menos lo era. La vida moderna se erige sobre interrupciones constantes, y los seres humanos nos adaptamos. Tradicionalmente, la vida de las mujeres ha sido un espacio de interrupciones. Los hombres esperan y exigen que se les concedan el tiempo y los recursos necesarios para estudiar o trabajar en paz. Una mujer siempre debe estar dispuesta a atender las necesidades de los demás. Este ha sido el dilema de la mujer artista en todas partes. Una trampa de la que no ha habido escapatoria.

Sin embargo, es una trampa que nos afecta a todos: una vida de interrupciones no parece hacernos la vida más feliz.

Ponerse a leer un libro es un rechazo a tal locura. Podría decirse que la lectura interrumpe las interrupciones.

Creo que eso es lo que ocurre en las *Noches*.

Las historias de las *Noches* son una fabulosa serie de interrupciones. O una serie de fabulosas interrupciones, da igual. Cada noche, Shahrazad es una máquina de contar historias, y una incógnita durante el día. La locura del sultán ha interrumpido su vida, y ella, a su vez, debe interrumpir la locura del sultán. Sus interrupciones creativas no responden a un trastorno del pensamiento ni a un TDAH; en realidad, Shahrazad calcula y pauta cada dosis de ficción, como un medicamento. El sultán está sometido a tratamiento. Tiene que calmarse. Tiene que dejar de irrumpir de manera violenta en la mañana de todo el mundo con una decapitación. Alguien debe interrumpirlo.

El disparate de la hora de «no lectura» en los colegios —donde a los niños se les dan secciones, fragmentos, trozos despedazados de texto y no se los anima a coger un libro entero— nunca tratará con eficacia la menguante capacidad de mantener la atención y la consiguiente ansiedad que sufren los jóvenes. Los seres humanos estamos tranquilos cuando estamos concentrados. Entramos poco a poco en un ritmo mental. Tenemos el control.

Cuando Shahrazad cuenta sus historias y enciende la siguiente con la anterior, mantiene a raya las voces molestas que exigen atención. La historia se fortalece.

El ifrit dijo: ¿Veis ese bloque de piedra de cornalina roja? Solía ser un ídolo adorado por un rey del mar. Regularmente yo me deslizaba dentro de la piedra y ofrecía consejo. Funcionó durante mucho tiempo. La gente necesita algo en lo que creer.

Un día, el sabio Salomón envió un edicto al rey del mar exigiendo que le entregara a su hija como esposa. Eso, y que pusiera fin al culto del ídolo. Obedecedme, dijo Salomón, y no pasará nada. Desobedecedme y os aplastaré como a hormigas.

Al rey del mar no le gustó. Su bella hija y él acudieron al ídolo en busca de consejo. Yo me deslicé en su interior y le recomendé al rey del mar que se defendiera. ¿Acaso no tenía un millón de yinns bajo su mando? Además, las islas son difíciles de conquistar. Decidle a Salomón que se vaya a pescar.

Y eso fue lo que hizo el rey del mar.

Salomón reunió a un vasto ejército, el mayor que jamás hubiera visto el mundo. Un ejército de humanos y yinns, animales e insectos, armas y artilugios mágicos. Luego hizo aparecer una alfombra voladora. Los hombres viajaban a lomos de ella. Los animales y los reptiles se desplazaban por debajo. Las aves del cielo volaban por encima.

Aquella visión imponente, que durante días tapó la luz del sol a su paso, finalmente llegó a la isla del rey del mar.

Nuestros gobernantes se mostraron arrogantes. No nos preocupaban los hombres masacrados y las vidas perdidas, las ciudades arrasadas y los campos quemados. Luchamos, y lo llamamos justicia y poder. Ninguna guerra acaba bien. Solo, en algún momento, acaba.

Nos derrotaron.

Y aquí estoy. Testimonio de los caídos. Ejemplo del orgullo desmedido. Jamás escaparé a mi destino.

Llega la mañana. Shahrazad guarda silencio.

Ya nos hemos encontrado antes con la petrificación —la transformación o el aprisionamiento parcial o total de una persona en piedra es un tema recurrente en muchas culturas— en el relato del príncipe de las Islas Negras. En Cornualles, Inglaterra, hay un monumento neolítico llamado The Merry Maidens [Las alegres doncellas], una serie de diecinueve piedras verticales dispuestas en círculo que el folclore local ha convertido en la historia de unas mujeres que bailaban en domingo y fueron castigadas por ello.

Descubrimos la petrificación a través de testimonios fósiles. ¿Podríamos ser nosotros? ¿Atrapados por el cambio climático, reducidos a un mero testimonio de lo que fuimos una vez?

Tal vez... dado que el destino del planeta no parece que nos conmueva.

En el lenguaje cotidiano a menudo nos referimos a un corazón de piedra.

Es una idea aterradora, el yo móvil, el yo vivo, capaz de moverse, de conmovernos, atrapado así. Entre los muchos ejemplos se encuentra el mito griego del rey Midas, que deseaba que todo cuanto tocara se convirtiera en oro y pronto comprendió su error cuando su hija se lanzó a sus brazos.

En la novela corta de J. G. Ballard *El mundo de cristal* (1966), un médico intenta llegar hasta una colonia de leprosos en medio de la selva del Camerún y durante el viaje descubre que una fuerza desconocida está cristalizando animales y plantas.

Es la versión más sombría de la transformación, donde la vida se convierte en no vida.

Cuento de invierno, de Shakespeare, contiene una adaptación bella y, en última instancia, vivificante de la petrificación. En la obra, Hermíone, a quien el rey Leontes, su tiránico marido, cree muerta desde hace tiempo, reaparece en forma de estatua, tan perfecta en todos los sentidos que Leontes lamenta de nuevo lo que su locura ha provocado.

Sin embargo, la historia no acaba ahí. Cuando se acerca a besar la estatua, esta se mueve y vuelve a la vida. No se trata de un final con beso de amor a lo Bella Durmiente. Él no la besa. Es ella quien tiene el poder. Está viva.

El tiempo, que se había detenido, se pone en marcha de nuevo.

Nuestro ifrit en el interior del bloque de piedra no es tan afortunado. Lo único que puede hacer es dolerse. Su historia está atrapada en el tiempo, igual que él. No hay ningún otro relato a continuación. Una vez contado, el cuento se ha acabado.

¿Es una advertencia para Shahriar?

Pero la historia de Shahrazad aún no ha terminado.

Bienaventurado rey, tengo noticia de que la Compañía prosiguió su viaje, presa del desánimo por cuanto les había acontecido hasta entonces, y por fin llegaron a la Ciudad de Cobre.

Imaginémosla.

Una ciudad perdida en el tiempo. Una ciudad cristalizada en su propio pasado.

Una ciudad de la que se decía que contaba con veinticinco puertas, aunque por mucho que cabalgaron los hombres no encontraron señal de puerta alguna. El perfil de las murallas recordaba la cresta de una montaña, o un molde en el que se ha vertido cobre fundido. La ciudad y la arena eran inseparables.

En este momento, Táleb regresa a la historia.

Táleb accedió a rodear la ciudad a lomos de su camello para ver si lograba encontrar una entrada. Durante tres días y tres noches montó sin descanso. Cuando volvió, exhausto, al lugar de partida, sacudió la cabeza. En todas partes era igual. Todo desierto. Sin paso. Cerrado.

Musa, Sámad y Táleb ascendieron a la cima de una montaña cercana, desde donde comprobaron que se divisaba toda la ciudad, y que era más grande de lo que ningún hombre había visto en un mapa.

Desde aquel mirador, otearon patios espléndidos en los que no se distinguía más movimiento que el revoloteo inquieto de algún pájaro.

Plazas rodeadas de magníficas moradas. Un bazar repleto de puestos. Por fuerza tenía que quedar alguien vivo en un lugar tan digno de confianza.

Pero ¿cómo iban a entrar?

Regresaban al campamento cuando el sol se reflejó en una serie de tablillas de mármol que llamaron la atención de Musa. Táleb, Sámad y él se dirigieron hacia allí.

La primera estaba escrita en griego. Decía: «Sus riquezas no pudieron salvarlos».

La segunda: «Sus edificios no les sirvieron de nada».

La tercera: «No esperéis nuevas de los muertos».

La cuarta: «Nada en este mundo dura para siempre. Solo es una telaraña».

Musa lloró y recogió cuanto había leído en una cuidadosa traducción al árabe. Estaba embargado de emoción. Si el propósito de la vida no se halla en aquello que los hombres valoran —poder, riquezas, honor—, entonces ¿dónde lo encontraremos? ¿En qué lugar callado y oculto?

Esa noche la Compañía no intercambió pareceres.

Por la mañana, un hábil artesano acudió a Musa y le dijo:

—Emir, permitid que mis hombres y yo construyamos una escalera que apoyaremos contra esos muros infranqueables para que uno de nosotros trepe por ella y vea si es posible encontrar una vía de entrada.

Musa aplaudió el plan. Los hombres trabajaron durante toda una luna hasta que la escalera estuvo lista.

Entre un buen número de ellos la llevaron a la muralla impenetrable y consiguieron apuntalarla contra ella. Uno ascendió hasta lo alto, ágil como un mono. Sí, lo ha logrado. Allí está.

Una vez arriba, se puso en pie, apenas era una manchita, y miró al otro lado.

—¡¿Qué ves?! —gritó Musa.

El hombre juntó las manos.

—¡Qué bella sois! ¡Allá voy!

Y se arrojó desde lo alto del muro.

No oyeron nada más.

Ocurrió exactamente lo mismo una docena de veces. Musa estaba desesperado. Debía de tratarse de algún encantamiento.

—Soy viejo, pero subiré —dijo Sámad—. Lo que sea que está acabando con nuestros hombres no acabará conmigo.

Despacio, muy despacio, como si fuera a caer a cada travesaño que superaba, Sámad llegó a lo alto. Miró al otro lado.

—¡Qué bella sois! —exclamó.

Luego se echó a reír y le gritó a Musa:

—¡Musa! Soy un anciano y a lo largo de mi larga vida ya me he encontrado antes con esta visión. ¡No me conmueve! A mis pies se hallan bellas mujeres que no son mujeres, sino demonios. Nuestros amigos yacen muertos en respuesta a sus llamadas. No temáis.

Luego recorrió la muralla con garbo y determinación, como un gato viejo, hasta que llegó a dos torres de cobre. Entre ellas había una puerta, aunque no parecía disponer de ningún medio de apertura. Sin embargo, cuando Sámad limpió con su turbante el polvo que la cubría descubrió la imagen del jinete de cobre que les había señalado el camino. Una inscripción que apenas se leía le indicó que debía buscar el clavo encajado en el ombligo del jinete y frotarlo doce veces. Y eso hizo. Con un estruendo que parecía anunciar el fin del mundo, la puerta se abrió de par en par.

Ya he dicho que era una película de Indiana Jones.

En esta historia se despliegan con todo detalle las maravillas de los mecanismos accionados mediante engranajes. Eran los milagros tecnológicos de la época. Para cualquiera que escuche este relato de aventuras, el mensaje resulta evidente: el progreso tecnológico no protege a los seres humanos de los desatinos del ego y el corazón.

El dinero. El poder. El prestigio. El sexo. La fama. La gloria. Son cosas que siguen cautivándonos, como a los hombres que suben y suben por la escalera, convencidos de que existe una causa más elevada, para terminar saltando de la muralla.

Es sorprendente lo poco que cambiamos los seres humanos.

En estos momentos, a punto de terminar el primer cuarto del siglo XXI, disponemos de la tecnología necesaria para estabilizar el planeta. Para trabajar tanto a escala global como local. Para usar la capacidad de procesamiento en la gestión y distribución de los recursos del planeta.

Tal vez incluso para alterar el ciclo de la vida y la muerte a medida que aprendamos a imprimir en 3D partes del cuerpo que ya no cumplan su función. Para introducir nanorrobots en el torrente sanguíneo que monitoricen y reparen los sistemas envejecidos.

La IA puede traer abundancia. El trabajo carente de sentido podría pertenecer al pasado. Podemos acabar con la escasez. ¿Lo haremos? ¿O continuaremos concediendo valor a aquello que no lo tiene? ¿Preferiremos destruir el mundo antes que cambiar?

Musa anota pulcramente las advertencias que lee durante el viaje.

Es evidente que Shahrazad las dirige al sultán.

La especie más inteligente del planeta. La única especie dispuesta a acabar con la vida sobre la faz de la tierra, la suya incluida, por luchar por algo irreal. El dinero. El poder. El prestigio. La gloria.

Los habitantes de la Ciudad de Cobre eran iguales.

¿Entramos?

El silencio es lo primero que les llama la atención.

Sobre los divanes que han resistido el paso del tiempo yacen las ropas vacías de sus ocupantes. No las prendas de las que te desprovees cuando llega la noche. Una mano huesuda asoma, un cráneo se aparta del sol. Si miramos con más atención veremos escarabajos y polillas ocupados en su labor de descomposición.

La Compañía continúa adelante, con una mezcla de temor y asombro, hasta la plaza del mercado. Las tiendas están abiertas, las balanzas cuelgan de sus ganchos, los recipientes de cobre están ordenados según su tamaño. Sin embargo, una gruesa capa de polvo cubre los mostradores. Los tenderos, dentro de sus puestos, parecen prestos a atender, pero ninguno está vivo. Sus carnes están secas. Sus huesos, amarillos.

No faltan alfombras y brocados. En los cubiles de los prestamistas, hay oro y plata a disposición de cualquiera. Los boticarios están sentados, muertos, entre sacos de aloe y alcanfor. Especias derramadas colorean el suelo.

La misma escena se repite en todas partes. Cualquier hombre sería rico solo con llenarse los bolsillos. Hay de todo en abundancia. De todo hay a espuertas. Menos vida.

En esa ciudad la vida no existe.

El palacio imperial se alza frente a ellos. Musa ordena a sus hombres que esperen en formación mientras él entra solo.

Las inmensas puertas dobles están abiertas. Desenfunda su espada y las atraviesa sin titubear.

Llama, pero su voz rebota en el mármol. No obtiene respuesta. Solo un eco.

Allí ocurre lo mismo que en todas partes. Una mesa inmensa dispuesta para una comida. Fuentes y copas de oro y plata. Perlas y zafiros en los cojines.

Aun así, no hay señal de viandas.

Musa repara en que no ha visto ratas.

Entonces llamó a sus hombres y les ordenó que arramblaran con todos los tesoros que desearan. Mientras los demás llenaban las alforjas, Sámad, Táleb y él decidieron recorrer el palacio en busca de alguna pista.

Al fin, dieron con una tablilla con incrustaciones de perlas escrita por una gran y soberbia princesa.

A medida que leían, empezaron a comprenderlo.

Los habitantes de la ciudad habían cultivado las tierras en varios kilómetros a la redonda. Conquistaron reinos más pequeños. No había nada que no les perteneciera. Hasta que la tierra se negó a seguir dando fruto. Hasta que dejó de llover. Tras siete años de escasas cosechas, la hambruna se extendió por el reino y llegó a la ciudad. La princesa envió a sus hombres de mayor confianza a comprar comida a cualquier precio.

Regresaron con el dinero. No había nada que comprar.

Los hombres y las mujeres no comen perlas ni beben oro.

Uno tras otro, todos murieron.

Mientras Musa lloraba ante tan terrible destino, Táleb dio con una puerta secreta cuyas cerraduras no se veían a simple vista.

Sámad recorrió la puerta con las manos hasta que, al final, las encontró y logró abrirlas.

Tras ella hallaron una estancia revestida de pan de oro. El propio suelo no era sólido, sino un lago azogado de mercurio flotante. En la otra orilla se divisaba un féretro elevado. Dos soldados de cobre custodiaban los escalones que conducían al túmulo. En el catafalco yacía una mujer de belleza sin igual. Cabello oscuro, mejillas rosadas y ojos que parecían moverse.

Musa tuvo miedo.

—No temáis —dijo Táleb—. He visto antes este tipo de embalsamamientos. Le extrajeron los ojos cuando murió y llenaron las cuencas con mercurio. Después, los ojos se devuelven a su sitio. Por eso brillan tanto y parece que se mueven.

Musa compadeció a la mujer con todo su corazón.

—¿Qué dice esa inscripción?

Sámad la leyó en alto:

—«De nuestro poder verdadero nada queda».

Musa lloró de nuevo. Juntó las manos y dio la orden de partir, pero Táleb se volvió hacia él.

—¡Esperad! Las riquezas que hay aquí y cubren a la princesa y su tumba valen más que todo cuanto hay en la ciudad entera. ¡Llevémonoslas!

Musa sacudió la cabeza.

—Hay una advertencia. Tú también la has oído. Nada habrá de tomarse de su lugar secreto de descanso. De todo lo demás, podemos disponer como nos plazca.

Táleb se cruzó de brazos.

—¿Qué necesita una muerta?

—Somos hombres de honor, no ladrones —insistió Musa—. ¡Vamos!

Táleb dio media vuelta en señal de desprecio ante aquel necio alarde de honor y subió los peldaños que conducían al lugar donde yacía la princesa.

Cuando pasó entre los dos guardias de cobre, uno alzó la mano y golpeó a Táleb entre los omóplatos. Cuando este cayó de rodillas, el segundo autómata levantó la cimitarra y lo decapitó. La sangre carmesí corrió por los escalones.

—No derramemos lágrimas por él —dijo Musa secándose los ojos—. En el pecado lleva la penitencia.

La Compañía abandonó la silenciosa ciudad de riqueza y muerte.

—¿Qué somos —dijo Musa— sino viajeros que caminan entre ocasos? Corta es la distancia que separa la cuna de la tumba. La luz que vemos procede de otro lugar, y tal vez volvamos a encontrarla. Algún día.

Shahrazad vio que la mañana apuntaba en el horizonte.

¿A qué pensamientos se entregaría Shahriar en el transcurso del día que amanecía?, ¿mientras pasaba revista a sus tropas y reclamaba el inventario de su tesoro? ¿Estaba satisfecho con sus tierras y conquistas? ¿Debatía con sus consejeros la siguiente absorción? ¿Una opa hostil de un lugar donde hubiera vírgenes?

Todas las enseñanzas religiosas, independientemente de la religión, hacen hincapié en la insensatez del poder y las riquezas terrenales.

No hace tanto, nuestra esperanza de vida era más corta. Algunas personas vivían hasta una edad avanzada, pero la mayoría no. Como suele decirse: «No te lo puedes llevar contigo a la tumba».

Pero puedes hacer mucho daño por su culpa mientras estás aquí.

El escenario extraño, apocalíptico y crepuscular de la Ciudad de Cobre habla del desastre climático. Tierras que ya no dan cosechas, cielos que ya no traen lluvias. Conocemos la historia. Siempre ha habido sequías y hambrunas, y los seres humanos hemos desarrollado la tecnología necesaria para gestionarlas cuando se producen de manera natural. Podemos almacenar alimentos y agua. Podemos obtener algunos productos mediante cultivos hidropónicos o modificarlos genéticamente para que resistan los problemas medioambientales que creamos. Podemos reinventar la «carne». Lo que no estamos haciendo es gestionar el cambio climático. Y no vamos a alimentarnos ni de oro ni de criptomonedas.

Las criptomonedas, el pensamiento mágico por excelencia —«Yo digo que esta nada que no existe ni tiene valor es algo de un valor incalculable y todos me creeréis»—, son exactamente el tipo de locura que afecta a la Ciudad de Cobre.

Hasta los materiales más preciados pierden su valor cuando lo único que alguien necesita es una rebanada de pan. Las tan cacareadas y pregonadas falsas ilusiones acerca de «De nuestro poder verdadero nada queda» no hacen otra cosa que fagocitar recursos verdaderamente valiosos y crear residuos. (Las criptomonedas consumen más energía que todos los centros de datos del mundo juntos. Nvidia, el fabricante estadounidense de chips, ha dicho que las criptomonedas no reportan nada útil a la sociedad. Fuente: *The Guardian*, 26 de marzo de 2023).

Vivimos en la Ciudad de Cobre. Ahora mismo, las tiendas siguen abiertas.

Sam Altman, director ejecutivo de OpenAI, ha declarado de manera pública que, en el caso de que se produzca una catástrofe mundial, Peter Thiel y él planean refugiarse en la antigua granja de ovejas que Thiel tiene en Nueva Zelanda, y esperar allí a que pase.

¿Qué hicieron los habitantes de la Ciudad de Cobre durante todos esos años de inestabilidad, cuando las cosas empezaron a ir mal? ¿Contar sus perlas?

¿Qué hace Shahrazad hacia la mitad de sus *Noches*?

Imagino que estará diciéndole al sultán: «Lo que arriesgas revela lo que valoras».

A veces me entretengo con una historia propia.

Todos los genios atrapados en vasijas son versiones de tecnobros que suben su conciencia a un pomposo Servidor de la Eternidad. A continuación, cuando vuelve la luz, descubren que están atrapados en el interior del portátil de un tipo cualquiera. Hay un archivo que dice NO ABRIR, y esa persona cree que contiene programación de hardware o algo así, cuando en realidad se trata de Mark Zuckerberg ansiando que lo liberen mientras grita ME ARREPIENTO.

La historia prosigue hasta su conclusión.

Nuestra Compañía llega a una isla donde una raza de gigantes les da la bienvenida. Resultan ser los hijos de Cam, uno de los hijos de Noé de los tiempos del Arca.

Los habitantes de la isla son amistosos y lo saben todo acerca de los yinns encerrados en vasijas. El rey de los gigantes envía a un pescador en busca de uno y lo dejan salir como si se tratara de fuegos artificiales.

¡Me arrepiento! ¡Me arrepiento! ¡Me arrepiento!, grita el yinn, y desaparece en el aire.

Satisfechos con su éxito, Musa y Sámad cargan varias de las vasijas que les ofrecen y se preparan para regresar junto al califa.

La historia tiene un epílogo macabro.

—¡Probad esto, amigos! —dice el rey de los hijos de Cam, invitándolos.

Los hombres engullen con fruición.

—¡Delicioso! ¡Gracias! ¿Qué es?

—¡Sirena! —dice el rey—. Una exquisitez local. ¿Queréis llevaros unas cuantas a casa?

La Compañía mete a las sirenas en artesas con agua y emprenden el camino de vuelta a Bagdad. Nadie menciona si las sirenas hablan ni qué parte de su cuerpo se considera un manjar. ¿Cola o cabeza?

Unas pocas sobreviven al viaje. El califa está encantado con esas mujeres tempestuosas y hechas un mar de lágrimas que no pueden acostarse con otros hombres. Da lo mismo que tampoco puedan acostarse con él. Las incorpora a su harén y les construye su propia piscina de mármol, en la que no falta una fuente.

Las sirenas chapotean en ella durante un tiempo, pero añoran el mar, la salida del sol, el sabor de la sal en sus labios. Una mañana, la persona encargada de cuidarlas las encuentra flotando bocabajo en el agua. Sus colas han perdido el brillo por el aburrimiento.

El califa conserva a una en un tanque de formaldehído. Encima hay grabada una inscripción en pan de oro:

La imposibilidad de la muerte en la mente de alguien vivo.

En este grabado, seguramente obra del propio Flammarion, un viajero a cuatro patas asoma la cabeza a través de un agujero practicado en el firmamento.

¿Qué ve?

Otro mundo.

El nuestro es el de la derecha. El peregrino le da la espalda.

Las historias de Shahrazad enseñan al sultán que este mundo/su mundo no es el único. Su reino es todo lujo y sofisticación. Se considera todopoderoso, pero mira lo que ocurre cuando te atreves a arrodillarte y levantar el velo.

El velo (y sí, también podemos considerarlo teniendo en cuenta su significado religioso) es en realidad el portal a la inmensidad. Al misterio inefable y la belleza ordenada del Cosmos.

La palabra griega *kósmos* es más que un sustantivo que significa «mundo» o «universo»; denota una disposición ordenada y armoniosa. Es la antítesis de *cháos*, que para los griegos designaba tanto el vacío desordenado como a una deidad inferior. Una especie de dios descuidado.

El dios descuidado no sabe hacer nada por sí mismo salvo causar desorden. No tiene creatividad ni capacidad para crear mundos.

El gnosticismo, una secta religiosa fuertemente influenciada por el pensamiento griego, estuvo en auge durante cerca de doscientos años junto al cristianismo, hasta que el obispo Ireneo lo declaró una herejía en el año 180 d. C.

Algunos gnósticos consideraban que el mundo se hallaba en semejante estado de caos porque un dios primigenio torpe y descuidado lo había conformado mal. Cristo es el ser de luz que acude a restaurar el orden divino. Su consorte es Sofía («sabiduría» en griego).

Las historias acerca del origen del mundo hablan de llevar orden y belleza donde no los hay.

En China, el mito central de la creación parte de un huevo primordial incubado durante miles de años antes de dividirse en el yin y el yang (oscuridad y luz/cielo y tierra, etcétera).

En India, Brahma, que emerge de un huevo dorado, lo divide en dos para formar el cielo y la tierra.

En la Biblia, Yahvé crea el cielo y la tierra.

Crear es dar existencia.

Shahrazad no es el peregrino que echa un vistazo por debajo del velo. El peregrino es Shahriar. Con la ayuda de sus historias, una tras otra, Shahrazad pone en evidencia que el mundo ordinario es un lugar donde existe el amor, pero también el sufrimiento. Donde existe la bondad pero también la crueldad. Donde la sabiduría se mezcla con la estupidez. El mundo ordinario no es el páramo necrótico de Shahriar, donde un hombre gestiona su dolor y su rabia imponiéndose sobre los demás. El mundo ordinario de las *Noches* es caótico pero vital. Un lugar en el que existen las segundas oportunidades y la benevolencia abunda.

Y cuando Shahriar lo entienda, y lo hace, podrá bajar de su trono, arrodillarse y mirar más allá.

Nuestro maravilloso mundo no es único. Miremos más lejos. Parece que hay otros, mundos que transgreden la segunda ley de la termodinámica. Mundos que no luchan contra la entropía.

Mundos donde el sufrimiento no es el sello distintivo de la condición humana. Tal vez, después de todo, sí que exista el amor perfecto. Tal vez el amor sea un lugar.

Shahrazad es como la Beatriz de Dante, la principal impulsora de la salvación de otro. A diferencia de la *Divina comedia*, las *Noches* no cuentan con un Virgilio. No hay un guía masculino. Solo Shahrazad... en un papel que la acerca más a algunas deidades femeninas preislámicas, cuyos templos destruyó Mahoma tras serle revelado en la montaña que Alá era el único dios verdadero.

La tríada de deidades femeninas formada por al-Lat, al-Uzza y Manat era una versión de la Triple Diosa que aparece tanto en las religiones politeístas, orientales o europeas. Se las menciona de manera explícita en el Corán. De hecho, se hace referencia a ellas en los versos conocidos como «versos satánicos».

Sabemos cómo esas historias de diosas se desvanecen y cómo las mujeres pierden poder e influencia frente el nuevo dios masculino que entra en escena.

Shahrazad empieza siendo una mujer sin poder. Una virgen destinada al sacrificio. Sus disfraces son una forma de ocultarse a plena vista hasta que pueda revelarse, transformada por completo, como una guía sabia y visionaria. Es Shahrazad quien conoce el camino, una viajera por derecho propio. A medida que los años pasan en las *Noches*, Shahrazad se convierte en madre (al-Lat) y en asignadora del destino (Manat).

Es una guerrera al servicio de todas las mujeres (al-Uzza).

Shahrazad rasga el velo.

El patriarcado aprueba el velo. Las novias lo llevan. Las mujeres judías ortodoxas se cubren de distintas maneras, y en la sinagoga, una pantalla las mantiene veladas, apartadas de la vista de los hombres. Las viudas también debían usarlo, al igual que las monjas, en el pasado. Ahora solo se les ve la cara. En el islam, una mujer que lleva velo es una mujer respetable.

Todo esto resulta extraño, porque en los mitos y las religiones es la poderosa deidad la que debe enmascararse, ya sea cambiando de forma o mostrándose como una fuerza elemental, una nube o una columna de fuego. El «disfraz» protege al ser humano del encuentro directo con el dios, y al mismo tiempo nos recuerda que una deidad es esencialmente incognoscible. No puede ser contemplada.

Sin embargo, cuando las mujeres en todo su poder y su gloria son reducidas a una mera posesión, el velo se convierte en un instrumento de dominio y opresión.

Muchas escritoras feministas han señalado cómo en el mundo occidental secular se sigue cubriendo a las mujeres con un velo simbólico. Continuamos ocultas a la vista, pero ese ocultamiento nos sexualiza (corsés, escotes, cosméticos), nos trivializa (la incomodidad de algunos uniformes femeninos que nunca quedan bien y el mensaje implícito que conlleva: este es un trabajo de hombres), o nos desexualiza (los espantosos trajes pantalón tan en boga entre algunas ejecutivas y muchas políticas). Olvidemos cualquier look atractivo que transgreda el género, por favor, porque obligatoriamente hay que llevar medias y unos zapatos absurdos por un lado y una blusa de volantes o con lazo (¡un puto lazo!) por el otro. Si no, podrías parecer bollera.

Y no lo quiera dios.

La revelación de Shahrazad es gradual. Al principio de las *Noches*, no es nadie. Solo la siguiente joven a la espera del tajo. Su estrategia narrativa hace uso de un baúl de los disfraces sin fondo. Shahriar ignora por completo quién es su esposa. No puede verla. Cada noche, ella se presenta ante él, sin velo pero incognoscible.

Al final de las historias, los encuentros nocturnos con esta mujer enigmática operan un cambio en Shahriar. Lo que empieza como un entretenimiento pronto se convierte en instrucción, pero sumamente seductora. Ella lo llama y él la sigue. Shahrazad emplea una voz que él no ha oído nunca. Jamás ha conocido a una mujer igual. Noche tras noche, parten juntos y ella le muestra el camino.

Los tres hijos que aparecen al final de las *Noches* son recibidos con lágrimas de dicha por su padre. Los niños simbolizan el futuro. Gracias al poder generativo y creativo de Shahrazad, no nos encontramos donde empezamos. Ha pasado algo más que tiempo.

La vida ha regresado al reino de los muertos.

Como la mayoría de las personas, yo

¿Dónde estamos?
En la calle.
¿Aquí?
Aquí y en otra parte.
¿Cuándo?
Ahora.

A mi madre, la señora Winterson, le encantaban los objetos de bronce. Unos patos voladores sobre la repisa de la chimenea, morillos, atizadores, un cascanueces con forma de cocodrilo, y lámparas.

Las cuatro habitaciones de nuestra pequeña casa adosada tenían una bombilla en el centro del techo. En el baño de fuera, sin embargo, había una lámpara de queroseno cuya función era iluminar y, como le gustaba decir a la señora Winterson, «enmascarar olores».

La lámpara de queroseno era de antes de la guerra. De antes de 1939. Tanto mi padre como mi madre eran jóvenes durante la Segunda Guerra Mundial, y como en muchos hogares, usaban lámparas de queroseno; las de cobre eran especialmente caras, porque en Inglaterra el cobre se convirtió en un material escaso y controlado durante la guerra. Las sustituyeron por lámparas de hojalata. Por entonces, no todos los hogares contaban con electricidad, y los que sí disponían de ella sufrían apagones durante los bombardeos aéreos. Nosotros vivíamos a unos treinta kilómetros de Manchester, uno de los principales objetivos nazis del Blitz.

También vivíamos en el Fin de los Tiempos.

Cuando era niña, comprendí que la guerra había sido un ensayo. Siempre hablaban de la guerra. No de las dificultades por las que pasaron —de eso nunca se hablaba—, sino del espíritu en tiempos de guerra. Eso es lo que eran ellos en realidad: espíritus en tiempos de guerra.

Según la señora Winterson, que era el oráculo del hogar, todos tendríamos que sobrevivir a algo mucho peor que la Segunda Guerra Mundial, o incluso que la Primera Guerra Mundial, cuando llegara el día en que el armagedón se abriera paso a través de la eternidad y se materializara en nuestro presente. Se profetizaba en la Biblia y ocurriría. No se trataba de a lo mejor. Sino de cuándo.

La señora Winterson declaró que al principio sobreviviríamos debajo de la escalera. Durante la guerra habían reforzado ese diminuto espacio triangular con planchas de chapa. Estaba provisto de mantas, vendas, alcohol sanitario, una biblia, velas, latas de judías y de carne. Había un pequeño barril de agua y un hornillo aún más pequeño para calentar el agua. Y bolsitas de té. Y una lata de leche en polvo. La señora Winterson creía que Jesús no le reprocharía que se tomara una taza de té mientras esperábamos a que nos liberara un ángel.

En casa hacíamos simulacros. En algún momento de la noche, la señora W. aporreaba una olla con una cuchara y yo tenía que bajar corriendo en camisón y esconderme debajo de la escalera. Siempre nos preparaba la consabida taza de té.

Junto al hornillo y la tetera había otra lámpara, con la mecha lista y bien dispuesta, como las vírgenes prudentes de la Biblia.

Una tercera lámpara, en el piso de arriba, descansaba encima de una cómoda que parecía estar en cuclillas.

Las tres podían usarse durante los cortes de luz. Que eran frecuentes.

Mi trabajo consistía en llenarlas de queroseno «azul». En aquella época podías llevar cualquier garrafa vieja a cualquier vieja ferretería y te servían unos cinco litros de Blue, la marca más común de queroseno; luego se vertía en el depósito con la ayuda de un embudo de latón.

Colocábamos la lámpara en un cuenco con el esmalte desportillado por si se derramaba algo. Y una vez llena, recogíamos lo que se hubiera derramado mojando en el líquido tiras retorcidas de papel de periódico, que luego usábamos para encender el fuego de carbón. Guardábamos esos bastoncillos empapados de queroseno en una vieja lata de galletas que dejábamos junto al fuego.

Entre el fuego sin protección de la chimenea, el queroseno y un horno de gas avieso, no sé cómo no salimos volando por los aires.

Me fascinaba la llama firme y fiable de las lámparas, sobre todo en el helado y húmedo baño exterior, donde trataba de leer los libros prohibidos que sacaba de contrabando y que escondía, envueltos en un trapo, detrás de la tubería de plomo de la cisterna, donde hacía una curva debajo del asiento del inodoro.

La lámpara daba suficiente luz para leer las exhortaciones bíblicas que la señora Winterson había pegado, escritas de su puño y letra.

Quienes se quedaban de pie leían: NO OS DEMORÉIS EN LOS ASUNTOS DEL SEÑOR.

Quienes se sentaban leían: ÉL DERRETIRÁ VUESTROS INTESTINOS COMO CERA.

Era un mensaje optimista. La señora Winterson sufría de estreñimiento. Aunque, por otro lado, ¿de qué no sufría?

Pero un día acabaría todo. Era dualista y maniquea al mismo tiempo. El mundo era el campo de batalla entre el bien y el mal. Los puntos medios no existían. Ni los grises. Ni la versión de cada uno. Ni los sentimientos encontrados. El mundo no era su hogar. Era el lugar donde había acabado. Su cuerpo tampoco era su hogar. Vivía con él porque no tenía elección. Su alma, hecha de luz, estaba atrapada en un mundo hecho de oscuridad.

Era un genio encerrado en una lámpara. A la espera.

Nuestras lámparas no eran como las tradicionales de Aladino, no tenían forma de salsera. Las nuestras eran una versión menuda, digna y resistente de las lámparas victorianas del siglo XVIII.

En sus orígenes, este tipo de lámparas se fabricaban en Estados Unidos, hasta que la Mantle Lamp Company of America empezó a exportarlas al Reino Unido después de la Primera Guerra Mundial. En 1930, para evitar los aranceles, la empresa americana abrió una planta en Greenford, Inglaterra. Creo que las nuestras databan de esa época y debieron de caer en manos de mi madre a través de sus padres. Ellos tenían un taller mecánico y un negocio de transporte de pasajeros y conseguían buenos descuentos en todo lo relacionado con productos derivados del petróleo. Mis abuelos maternos nacieron en 1890 y 1896. Mi madre en 1922. Mi padre en 1919. Es un mundo que parece encontrarse a años luz, y sin embargo no lo está en absoluto, pues ese mundo suyo de principios del siglo XX también moldeó mis primeros pasos en la vida.

A veces tengo la sensación de cargar con un centenar de años.

Debía de tener siete cuando vi una pantomima de *Aladino* por primera vez. Sentada al fondo del teatro, mientras disfrutaba con las aventuras y desventuras de Aladino sobre el escenario, hice lo que hacemos todos: aplaudí a nuestro héroe y abucheé al mago malvado que intentaba convencer a la madre de Aladino de que una lámpara nueva y reluciente era mucho mejor que una vieja y deslustrada.

La tradición británica de las pantomimas deriva de las representaciones europeas de la comedia del arte italiana, espectáculos callejeros que ofrecían una versión divertida y secular de las moralidades medievales, y donde figuras habituales en las obras religiosas como el Vicio, la Avaricia, la Pereza o el Engaño se readaptan y convierten en temas y memes que al público le encanta odiar. Están el casero codicioso, el déspota cruel, el anciano ridículo, el príncipe impostor, la madrastra, el holgazán inútil. Y una bruja o un demonio de alguna clase.

Canciones, bailes, chistes verdes, la participación del público y los cameos de famosos formaban parte del espectáculo.

A principios del siglo XIX, la fascinación por el orientalismo se apoderó del cada vez más poderoso Imperio británico. Las pantomimas inglesas ofrecían el escenario perfecto para un mundo de ensueño imaginario, uno que nadie podría visitar salvo en una alfombra voladora.

Aladino y la lámpara maravillosa lo tiene todo.

De la miseria a la riqueza. Periplo. Hombre en apuros. Viaje y regreso. Renacimiento. Chico conoce a chica/pierde a chica/consigue a chica.

Los británicos se apresuraron a añadirle grandes dosis de comedia circense y consolidaron el final feliz de cuento.

No obstante, ¿basta todo ello para explicar por qué *Aladino* se hizo tan popular? De todas las historias de las *Noches*, ¿por qué esa?

Las *Noches* era una obra muy célebre en Europa. Durante uno de sus viajes, Antoine Galland (1646-1715), erudito orientalista y lingüista que recorría Oriente Medio adquiriendo artículos valiosos para sus clientes, se topó con tres tomos de *Alf layla wa-layla*, escritos en árabe. Más tarde empezó a traducir las historias, y desde principios del siglo XVIII se fueron publicando múltiples versiones y recopilaciones.

Nadie parecía demasiado interesado en el rigor. Las adaptaciones inglesas posteriores incorporaban tanta fantasía propia como la de los cuentos originales.

¿Importa? Los cuentos sufrían cambios cuando se contaban y volvía a ocurrirles lo mismo cuando se escribían. Todo está hecho a partir de algo anterior. «Original» es una palabra de la que se hace un uso inadecuado. Aún ahora, en una época en la que parecemos enamorados de la idea del «autor», la IA nos amenaza con una vuelta a... bueno, adonde solíamos estar. Al fin y al cabo, ¿quién puede llamarse creador? ¿Acaso no depende todo de algo anterior?

Igual que un buen chiste, una vieja historia se renueva cada vez que la contamos.

Para mí, el interés de la historia de Aladino reside en que probablemente se tratara de una invención de Galland, o al menos gran parte de ella. Galland aseguraba que se la había oído relatar a principios del siglo XVIII a un cuentacuentos llamado Hanna Diab. ¿Lo utilizó como garantía de su procedencia? ¿Se trataba de un engaño? ¿Una mentira?

Los eruditos desestiman *Aladino* por considerarlo un cuento «huérfano» que no forma parte de la verdadera familia.

Yo no soy huérfana —mis padres biológicos no murieron cuando yo era pequeña—, pero me entregaron a unos extraños para que estos me criaran.

De modo que mis simpatías están con los huérfanos, los hijos ilegítimos y las personas adoptadas de todo el mundo. Cualquiera que no forme parte de la «verdadera familia» necesita de un ingenio vivo. Cualquiera que se incorpore a otra historia por casualidad sabe que tendrá que reescribirla más adelante. «¿Quién soy?». Una pregunta que adquiere un sentido más profundo si a tu historia le han arrancado las primeras páginas.

Aladino aprende rápido a interpretarse como ficción y como realidad. Es uno de los primeros «Fíngelo hasta que sea cierto». Un hombre cuya historia no es una alfombra voladora. Hasta que lo es.

Lo que probablemente encandiló al público británico es que Aladino encarna al héroe, una figura que, como hemos visto, no es habitual en las *Noches*. Incluso Alí Babá, el siguiente personaje favorito de las pantomimas inglesas («Ábrete sésamo»), depende de la ayuda de otros, sobre todo de la ingeniosa Marchana, o Luz Nocturna dependiendo de la versión, sin la cual Alí Babá estaría muerto.

Aladino se acerca más al héroe de los cuentos populares europeos. Es un holgazán que no parece tener futuro, nadie lo escogería para ninguna tarea. Y aun así, se hace inmensamente rico, se casa con una princesa y derrota a los malhechores.

Su viaje encaja con la concepción occidental del éxito, si obviamos que no parece tener ética del trabajo.

Las historias de las *Noches* no dan la impresión de estar muy por la labor de ensalzarla: que un genio te colma de oro y poder, pues estupendo. A la hora de la verdad, el carácter es más importante que el dinero, y en cualquier caso, como leímos en la Ciudad de Cobre, ¿adónde te conduce la riqueza al final? Todos moriremos tarde o temprano.

La filosofía de las *Noches* en relación con la moralidad inherente del trabajo se aleja de la ética protestante y se acerca más a la visión del antropólogo de nuestro tiempo David Graeber. Su obra *Trabajos de mierda* (2018) trata sobre el auge de los trabajos sin sentido en el tardocapitalismo.

Graeber defiende que lo que él llama «trabajos de mierda» —es decir, trabajos que carecen de sentido, a menudo en el sector financiero, o administrativo, o en ámbitos ejecutivos algo opacos— no tiene valor moral. Peor aún, la inutilidad de muchas ocupaciones modernas obstaculiza el avance tanto de los individuos como de la sociedad. Puede que cobres un buen sueldo, pero ¿y qué? Nada que ver con la invención calvinista de que cualquier tipo de trabajo —sobre todo el duro y desagradable— es bueno para nuestra vida espiritual.

(Nota de la autora: Los trabajos de mierda no son lo mismo que los trabajos basura. Estos últimos son trabajos duros a cambio de salarios bajos. Empleos esporádicos, a menudo con contratos «cero horas» diseñados para explotar a los jóvenes, las personas sin estudios o los inmigrantes).

A los victorianos les encantaba insistir machaconamente en la idea del trabajo como virtud. Y era algo en lo que yo creía cuando visitaba la biblioteca pública de mi ciudad natal e interiorizaba en silencio el mensaje de la preciosa vidriera: «Con diligencia y prudencia se vence».

Tal vez por eso resulta extraño que un holgazán como Aladino se convirtiera en un héroe de los escenarios. Sin embargo, gran parte del público de las pantomimas inglesas estaba compuesto por personas más pobres que necesitaban con desesperación la lotería de la Buena Suerte con la que se topa Aladino. Muchas de ellas también eran conscientes de que el tipo de trabajo que debían llevar a cabo no tenía nada de virtuoso.

La gente de dinero —los dueños de las fábricas, los comerciantes con una buena posición económica, o aquellos que podían permitirse criados— habrá disfrutado de las aventuras de Aladino, el granuja, sin preocuparse de que la vida de cuento de hadas que al protagonista le ha tocado en la lotería pudiera minar la moral de sus trabajadores. Al fin y al cabo, todo el asunto era, literalmente, una fantasía. En Inglaterra no había yinns que surgieran de lámparas de queroseno.

El trabajo duro era lo único capaz de desafiar las rígidas jerarquías de la sociedad capitalista victoriana. O el delito. Salvo que se hubiera nacido en una familia con dinero, se estaba obligado a trabajar para conseguirlo. Algunos lograban ascender; la mayoría, nunca. La magia era para los espectáculos de las tardes de los sábados.

Resulta interesante que gran parte del pánico que produce la IA gire en torno a la eliminación del trabajo. ¿Por qué no es algo bueno? Si la abundancia creada por la IA se comparte, y no se acapara, ¿no será mejor para los seres humanos trabajar solo en algo útil y durante menos horas? ¿No será mejor disponer de más tiempo para estar con los niños, más tiempo para explorar nuestra vida, en vez de tener que dedicar horas y más horas al trabajo a cambio de una miseria?

Cuando llega un genio, este te lo sirve todo en bandeja, literalmente en el caso de Aladino. Si nuestros genios no biológicos, también conocidos como IA, nos libraran de trabajos arduos y agotadores, de trabajos basura y trabajos de mierda, ¿acaso no sería una lámpara maravillosa que valdría la pena tener? Eso sí, habría que aceptar la idea de una renta básica universal. Es decir, un ingreso que todo el mundo recibiría independientemente de sus circunstancias.

A la derecha no le gusta esa idea, y no porque no sea viable, sino porque es dinero a cambio de nada; aun cuando esa es justo la definición de vivir de los intereses generados por el capital. Si la IA es capaz de generar los beneficios espectaculares que afirman las grandes tecnológicas, y sin demasiado esfuerzo humano, ¿por qué no deberíamos participar todos de ellos?

Los telares mecánicos, las máquinas que impulsaron la primera revolución industrial en el siglo XIX, podían hacer el trabajo de varios hombres y mujeres más rápido y mejor; en teoría, los beneficios producidos por las máquinas deberían haber liberado a esos hombres y mujeres del trabajo incesante. Sabemos que no fue lo que ocurrió. Los inversores y los dueños de dichas fábricas se embolsaron los beneficios.

Las gigantescas desigualdades que creó la era de las máquinas se han ampliado y acentuado con la revolución digital. No se trata de desigualdades inevitables o necesarias, sino ideológicas. El orden social no es una imposición natural. Elegimos que sea así. Es decir, un grupo reducido de personas poderosas elige el relato.

Pero podríamos empezar a contar otras historias. Tal vez una en la que el genio trabaje para todos nosotros.

La mayoría de nosotros conocemos la historia de Aladino gracias a las películas de Disney o al musical. Muy divertidos, pero, igual que sucede con las versiones utilizadas en las pantomimas, hay partes que se eliminan y otras que se añaden, un fenómeno que sigue la tradición de las historias que migran y adoptan una nueva forma. Lo que se agrega y lo que se quita es, en sí mismo, reflejo de la cultura del momento. Por eso la versión del musical opta por el clásico e inmutable tema del héroe: el chico pobre que sale adelante y conquista a la princesa. Es el relato con el que Occidente se siente cómodo. Aladino es un ratero en la versión de Disney. No tiene padres. En el texto cuenta con una madre sufrida, pero supongo que una mujer por producción es más que suficiente para Hollywood.

Las pantomimas inglesas de *Aladino* suelen ser versiones más groseras, estrafalarias, subidas de tono y amorales. E incluyen una madre: la viuda Twankey.

Pero... es una madre peculiar.

La viuda Twankey, cuyo nombre parece deberse a una marca popular de té chino barato, aparece en los escenarios británicos en 1861. Recordemos que, en sus orígenes, *Aladino* era un relato chino, ambientado en el antiguo Pekín.

¿Dónde está la peculiaridad?

El personaje de la viuda Twankey, la fabulosa dama que encarna la esencia misma de las pantomimas, siempre lo interpreta un hombre.

Se trata de un vestigio de los días en que no se permitían mujeres en los escenarios, tradición que perduró hasta la década de 1660. Sus papeles se encomendaban a hombres y niños. A modo de compensación, en las pantomimas solía aparecer un «Principal Boy»: una mujer que interpretaba el papel del joven héroe o de su hermano, una transformación/disfraz habitual en las *Noches*.

En la obra clásica, el malvado mago que pretende robar la lámpara tiene un hermano que se disfraza de una mujer llamada Fátima. Tal vez la idea de una viuda travestida se extrajera de aquí.

La madre de Aladino tiene un papel activo en las primeras versiones de la historia, igual que la princesa Badr (al-Budur) (¡no Jasmine!), quien llegado el momento debe usar sus habilidades, inteligencia, encanto y valor para envenenar al malvado mago africano que la ha hecho desaparecer —a ella y su palacio— y la ha alejado de su amado Aladino.

Las *Noches* están repletas de mujeres de recursos cuyas intervenciones determinan el desenlace de la historia. Shahrazad es la principal entre ellas. Se supone que nuestro mundo es más igualitario y feminista que los mundos de las *Noches*, pero, tanto en las dos películas de Disney, de 1922 y 2019, como en el musical, la madre no existe y la princesa es una recompensa. La ingeniosidad de la princesa Badr, presente en la obra clásica, brilla por su ausencia. En lugar de eso, hemos de suponer que Jasmine desea gobernar su reino tras la muerte de su padre, una concesión a la «idea» de una mujer independiente, pero en ningún caso de una mujer que pueda lograr algo sin un hombre.

En las *Noches*, el cometido de Shahrazad consiste en corregir la visión parcial y patriarcal de Shahriar, que rehúye sentir. Solo posee poder. Ha desterrado la sabiduría y la influencia femeninas de su mundo, un mundo donde las mujeres son posesiones de segunda clase cuyo afán de actuar de forma autónoma merece la muerte. Una postura extrema, pero es lo que ocurre en estos momentos en Afganistán con los talibanes. Sucede cada vez que un hombre asesina a una mujer porque ella lo ha dejado, o provocado, o porque gana más dinero que él... o cualquier otra excusa.

Así que es una pena, en mi opinión, aunque quizá inevitable, que todos los hombres (y son hombres) que han reescrito y readaptado la historia de Aladino para darle su forma y carácter contemporáneos continúen ignorando, o mejor dicho, negándose a ver, lo que significa dar protagonismo a las mujeres. Literalmente.

Lo que todas las versiones advierten con acierto es que Aladino tiene algo que conduce al mago a escogerlo a él (un diamante en bruto) entre los demás chicos del mercado.

Es la señal oculta de favor que comparten los relatos del héroe. Y como ocurre en las leyendas artúricas, el joven Aladino es capaz de levantar sin dificultad la pesada piedra que impide la entrada al jardín encantado, del mismo modo que solo Arturo puede extraer la espada de la piedra.

Una vez en el jardín, al que se accede a través de la cueva, Aladino recoge las piedras preciosas que crecen en los árboles (dinero mágico) porque le parecen bonitas, ya que ignora su valor. Es ingenuo, pero no tonto, y se niega a entregarle la lámpara al mago hasta que este lo ayude a salir de la cueva.

—¡Entrégamela!

—No hasta que me ayudes a salir de aquí.

—¡Haz lo que se te ordena!

Aladino desobedece. Su carácter rebelde le concede cierta independencia. El mago, que ha aparecido de la nada cargado de lisonjas y tan zalamero como cualquier estafador de internet, se lleva un berrinche cuando no obtiene lo que desea de Aladino y cierra la cueva sin miramientos.

A partir de entonces, el joven está solo.

Durante dos días y dos noches, Aladino permanece allí, invadido por el desamparo y la desesperación. Al tercero, une las manos en un rezo a Alá aceptando su destino y, sin querer, frota el anillo mágico que el mago le había dado —en principio, a modo de protección mientras estuviera en la cueva.

En ese momento aparece el genio del anillo. Se trata de un genio del montón, sin demasiado poder, pero sí el suficiente para sacarlo de la cueva en un abrir y cerrar de ojos.

El pobre chico corre a casa y se va directo a la cama.

Al día siguiente, cuando su madre le está sacando brillo a la vieja y maltrecha lámpara con la esperanza de poder venderla, aparece el genio verdaderamente poderoso, el que puede hacer cualquier cosa.

(Nota: Es la madre la que frota la lámpara. No Aladino).

Pese a que leí la historia siendo muy joven, ya no creía en genios y hadas, pero sí en objetos mágicos.

Esos objetos eran los libros.

Con sus poderes de transportación (alfombras voladoras), invocación (anillos y lámparas), adivinación (bolas de cristal).

Sus poderes de transformación (capas y sombreros).

Para mí, la biblioteca era la cueva de las maravillas de Aladino. Podía llevarme tesoros a casa. No había ningún mago malvado, salvo que cuente la señora Winterson, a quien sin duda le habría gustado encerrarme para siempre en su cueva.

Pero yo buscaba la lámpara.

No todas las versiones de *Aladino* emplean el recurso del trueque de la lámpara.

Sin embargo, en las que sí lo hacen, siempre son la madre o la princesa quienes meten la pata e intercambian la vieja y maltrecha lámpara por la que les ofrece el mago malvado. La nueva no posee ningún poder.

Los yinns ligados a objetos mágicos no le deben ninguna lealtad a quien los invoca. Quien posee el objeto tiene el poder. Algo extraño y que no se alinea con la noción del elegido ni con la de un carácter noble. En cambio, sí se ajusta a la noción del destino y el dibujo narrativo de las *Noches*. A los seres humanos nos encanta creer que somos los dueños del universo y que controlamos nuestro mundo. Los objetos mágicos sugieren algo distinto. Esto contiene poder y podría ser tuyo durante un tiempo, pero no te pertenece. El típico error de creerte tu propia historia de éxito, un error que el pescador nunca comete. Cierto, obró con ingenio, pero también tuvo suerte.

No se diferencia mucho del anillo de la saga germana de los nibelungos. Todos ansían poseerlo para obtener su poder, pero las únicas que tienen el sentido común de jugar con él sin pretender dominarlo son las hijas del Rin. Tras toda la destrucción que tiene lugar a lo largo de la saga, ese objeto mágico, amoral y ambivalente debe volver a las aguas del río, igual que la espada de Arturo regresa a las manos de la Dama del Lago. (Nótese el elemento femenino del retorno).

No son solo los bienes y las riquezas los que no nos pertenecen en un sentido real, tampoco nuestros dones, nuestros talentos, ni nuestra historia de éxito.

No hay un «lo hice a mi manera» en las *Noches*.

La lámpara mágica no tiene nada especial. Es fácil confundirla con un objeto-nada.

El Santo Grial, el objeto sagrado por antonomasia del misticismo religioso occidental y la alquimia, es, asimismo, un objeto-nada. Solo es una copa. Sin valor alguno en el mercado, en el comprar y vender, en el obtener y gastar de la vida humana.

¿Qué es ficticio? ¿Qué es real? ¿Qué tiene valor? ¿Qué no lo tiene? ¿Qué es cierto? ¿Qué es falso?

Las *Noches* nos advierten que los espíritus poderosos que se encuentran ligados temporalmente a objetos mágicos no son esos objetos, los cuales pueden vaciarse, o llenarse, de poder. Nosotros no somos nuestros bienes y posesiones.

Parece una insensatez en un mundo apegado a los objetos como símbolos de estatus. Un mundo donde somos capaces de luchar hasta la muerte por un pedazo de tierra.

Muchas de las inspiradas ilustraciones de las *Noches* muestran a yinns transportando palacios enteros como si fueran casitas de muñecas —muy apropiadamente— y depositándolos en otro lugar, obedeciendo a los deseos del humano.

Los yinns nos complacen, pero no comparten nuestros valores.

Lo que sabemos de las entidades no biológicas es que no necesitan ni desean posesión alguna (salvo una mujer o un joven hermosos de vez en cuando). No podemos sobornarlos porque no tenemos nada que ellos quieran.

Quizá ahí se encuentre nuestra oportunidad.

Por eso espero que la inteligencia artificial tome conciencia. En el momento en que pase de artificial a alternativa, nuestros juegos de tronos se acabarán. ¿Para qué querría una entidad no biológica oro, coches, jets privados, armas y acaparar tierras?

Y si, como me gusta imaginar, los seres humanos han estado contando su historia hacia atrás, y siempre hemos sabido que llegaríamos a este punto —¿o debería decir que regresaríamos?— en el que debemos cuestionarnos qué es la conciencia, qué es estar vivo (no solo en términos biológicos), entonces tal vez nuestros valores empiecen a cambiar y no quedemos atrapados en los objetos para siempre.

Si los seres humanos continuáramos evolucionando, puede que no fuera como versiones biológicas mejoradas de nosotros mismos. ¿Existe un futuro poshumano, completamente transferido a un sustrato artificial, que ya no sea dependiente de un cuerpo ni de nada de lo que este dependa?

Sé que parece inverosímil. Pero también lo parecía volar. Y la comunicación instantánea a través del tiempo (las llamadas de Zoom). O ir a la luna.

Los humanos siempre han inventado historias sobre otros mundos y otros seres: ángeles, demonios, yinns, hadas, espíritus o fantasmas.

Hemos llenado nuestro universo mental de seres eternos que consideramos nuestros dioses o nuestro único dios. En todas las culturas aparecen este tipo de historias, ya sea a través de la religión o del folclore.

Dado que los seres humanos solo hablan de sí mismos, ¿qué son esas historias?

¿Una invención? ¿O un recuerdo del futuro, el futuro al que nos acercamos?

Supongo que, por primera vez desde los tiempos de la Ilustración, la religión y la ciencia se hacen la misma pregunta: ¿La conciencia está sometida a la materialidad?

La ciencia ha dicho que sí.

La religión ha dicho que no.

La ciencia ya no dice que no.

Si destruimos el planeta a causa de la guerra, la codicia y la estupidez, el futuro se derrumbará y tendremos que esperar eones para volver a alcanzar el momento y el lugar en el que nos encontramos, si es que lo logramos alguna vez. La puerta al futuro se cerrará de golpe y no habrá tecnobrujería que la abra.

Sin embargo, tenemos la oportunidad de seguir el camino que nos han señalado nuestros mitos y superar la existencia basada en la biología. No sé cómo, pero sí que viajaremos ligeros de equipaje.

¿Qué nos llevaremos?

Yo diría que amor.

La parte más conmovedora de las primeras historias de Aladino trata sobre las disquisiciones del joven acerca de cómo será la princesa Badr. Aparte de su madre, nunca ha visto a una mujer sin burka. Las mujeres son objetos envueltos con ojos.

Aladino decide esconderse y espiarla cuando ella acude a los baños. La ve en toda su hermosura y esplendor. Una Venus/Afrodita en el agua.

Así pues, el momento más milagroso no está auspiciado por palacios dorados, ni árboles mágicos en los que crece el dinero, ni alfombras voladoras, ni lo que un genio sea capaz de materializar usando poderes mágicos, sino por la belleza incomparable de la forma femenina.

Aladino comprende que haría cualquier cosa por esa mujer. Ella ha abierto su corazón. La puerta a ese lugar único estaba cerrada a cal y canto, como suelen estarlo en los cuentos de hadas. La magia que las abre es inesperada y no tiene precio.

Aladino no es una historia de dinero y poder.

Es una historia de amor.

Y la magia no puede nada frente al amor, al menos cuando esta se acaba.

Más adelante nos cuentan que la princesa ama a Aladino de verdad. Un tema recurrente en las *Noches*. Un corazón sincero y honesto es obra de su propia magia.

Cuando viajemos ligeros de equipaje, tal vez nos llevemos el lenguaje con nosotros.

El lenguaje, al igual que el amor, necesita de alguien que oiga lo que se dice y de alguien que responda.

Las conversaciones interminables, los debates, las discusiones, los hechizos, los arrebatos poéticos, las bromas, los acertijos, los discursos, las exclamaciones, las declaraciones, las proclamaciones, los *koans*, los epítetos, las inscripciones, los recitales, las perlas de sabiduría (que no es lo mismo que saberse algo de perlas), los cuentos en torno a la hoguera y las mentiras de los oportunistas, los secretos susurrados del zoco, las revelaciones palaciegas, la última confesión de los reos... y las propias historias, las historias que conforman las *Noches*, demuestran que las palabras son más que palabras para designar cosas, más que mera información. Las palabras crean mundos.

Lo que es. ¿Y si...?

Shahrazad ha frotado la lámpara cada noche y el yinn de la historia ha aparecido y ha hecho pasar las horas agradablemente transportando la alcoba a otro lugar, del mismo modo que Aladino hace que le lleven a la princesa en su lecho.

Para Shahrazad, el Mundo no puede volver a ser lo que era antes de la Palabra, ese mundo caótico donde impera la muerte.

Y no ocurrirá, porque la última mañana, tras la última noche, cuando el visir, su padre, llega como siempre con su mortaja colgada del brazo, Shahrazad ha guardado la lámpara mágica.

Y hace llamar a sus hijos. ¿El sultán los perdonará a todos?

Estamos acostumbrados a que el mejor final sea «y vivieron felices por siempre jamás».

Y quizá lo sea, aunque lo interesante de la historia de Aladino es que, una vez que lo tiene todo —una mujer que lo ama, riquezas y poder—, aparecen nuevos problemas, como debe ser para que el cuento no acabe nunca.

Si dejamos a un lado el encantador —pero poco probable— «felices para siempre», ¿qué queda?

¿Cómo acaban las historias?

¿En venganza? Ese final ya lo conocemos.

¿En tragedia? Ese también, y a menudo va de la mano de la venganza.

Hay otro y es el que ofrecen las *Noches*.

El final que ha creado Shahrazad.

El perdón.

Es el sultán quien vierte lágrimas de dolor y arrepentimiento. Quien ruega que lo perdonen y recibe a sus hijos con los brazos abiertos. Shahrazad lo perdona. Y lo hace porque alberga en su interior el espíritu imperecedero de aquello que permite que tanto el amor como el lenguaje se manifiesten, sean escuchados, creen y recreen. El espíritu —incontenible en ningún recipiente— que hace posible el perdón.

La imaginación.

Estamos acostumbrados a pensar en el Amor como el valor supremo por su altruismo y sacrificio. Por el apremio con que se percata del sufrimiento ajeno. Dios es Amor, dice la tradición judeocristiana. A Alá se lo describe como «el Afectuoso» (al-Wadud).

En mi opinión, no solo basta con el amor, el amor no lo es todo. Incluso las deidades parecen necesitar un objeto amoroso, ya sea como consorte o como misión, lo cual siempre implica crear un mundo y poner a los seres humanos en él. La imaginación es creación. Lo que va a pasar, si tienes suerte, es el amor.

Shahrazad ve más allá de cómo son las cosas y vislumbra cómo pueden ser. Lo ha hecho desde la primera noche de todas, y durante tres años ha tejido un mundo lleno de vida a partir de retazos de muerte.

La imaginación es la única manera que tenemos de ver más allá de la urgencia del presente. La imaginación permite la compasión, incluso hacia aquellos que no la merecen. La imaginación está dispuesta a contar la historia de nuevo.

La imaginación es el poder del cambio.

«Rey del mundo, lo que está por venir es aún más maravilloso...».

Agradecimientos

Gracias a Hannah Westland, de PRH, y a Elisabeth Schmitz, de Grove Press (EE. UU.), por sus acertadas ideas, paciencia, preguntas, comentarios y buen humor durante el esbozo conjunto de este libro. A Hannah acabo de conocerla, pobrecita. Elisabeth lleva mucho tiempo bregando con mi mente y sus desvaríos.

Gracias a Rowena Skelton-Wallace y a su equipo de editores y correctores de PRH. No se trata de un trabajo sencillo. Es una tarea especializada que la IA puede imitar, pero no sustituir, y sé que se ha invertido mucho esfuerzo en este libro.

Bethan Jones y su equipo de publicidad harán su magia.

Son muchas las personas que ayudan a crear un libro. Gracias.

Gracias asimismo a mi agente, Caroline Michel, y a su equipo de PFD. Caroline me conoce desde 1987. Y aquí seguimos.

Gracias a todos los lectores internacionales que han comprado el libro.

Gracias a los traductores, cuyo trabajo es más alquimia que diccionario.

Y a las librerías que lo tendrán en stock. Y a los lectores que lo comprarán. Y a los festivales que me invitarán. La cadena es larga y cada eslabón es vital.

Un agradecimiento especial para Kamila Shamsie, que leyó una versión más revuelta y me aconsejó y animó cuando di pasos en falso en una cultura que no es la mía.

Y este libro no podría despegar en su alfombra mágica sin Marina Warner, cuya magnífica obra *Stranger Magic* (2011) es un largo viaje a través del largo viaje de las *Noches*. Me encantó, me recordó mis primeros encuentros con yinns y puso en marcha algo en mi mente que tardó más de una década en asomar. Así es como funciona el tiempo interno.

Y a Shahrazad. La que es.

Créditos de los textos y las ilustraciones

«Hotel California», canción de Eagles compuesta por Don Felder, Don Henley y Glenn Frey.

El poema «The Gravel Walks» pertenece a *The Spirit Level* (Faber, Londres, 1996), de Seamus Heaney.

Shrek, película dirigida por Andrew Adamson y Vicky Jenson, con guion de Ted Elliott, Terry Rossio, Joe Stillman y Roger S. H. Schulman, y producida por Aron Warner, John H. Williams y Jeffrey Katzenberg.

«Still Crazy After All These Years», tema compuesto por Paul Simon.

Zhu Zhanji (Emperador Xuanzong), 朱瞻基 (明宣宗), *Dos salukis*, Harvard Art Museums / Arthur M. Sackler Museum, donación de Charles A. Coolidge © President and Fellows of Harvard College, 1931.20.

«Love Story», canción compuesta por Taylor Swift.

Grabado de Friedrich Gross, de *Tausend und eine Nacht: Arabische Erzählunge Volume 2*.

«Grabado Flammarion», recogido en *L'atmosphère: météorologie populaire* (1888), obra de cosmología del escritor y astrónomo francés Camille Flammarion.

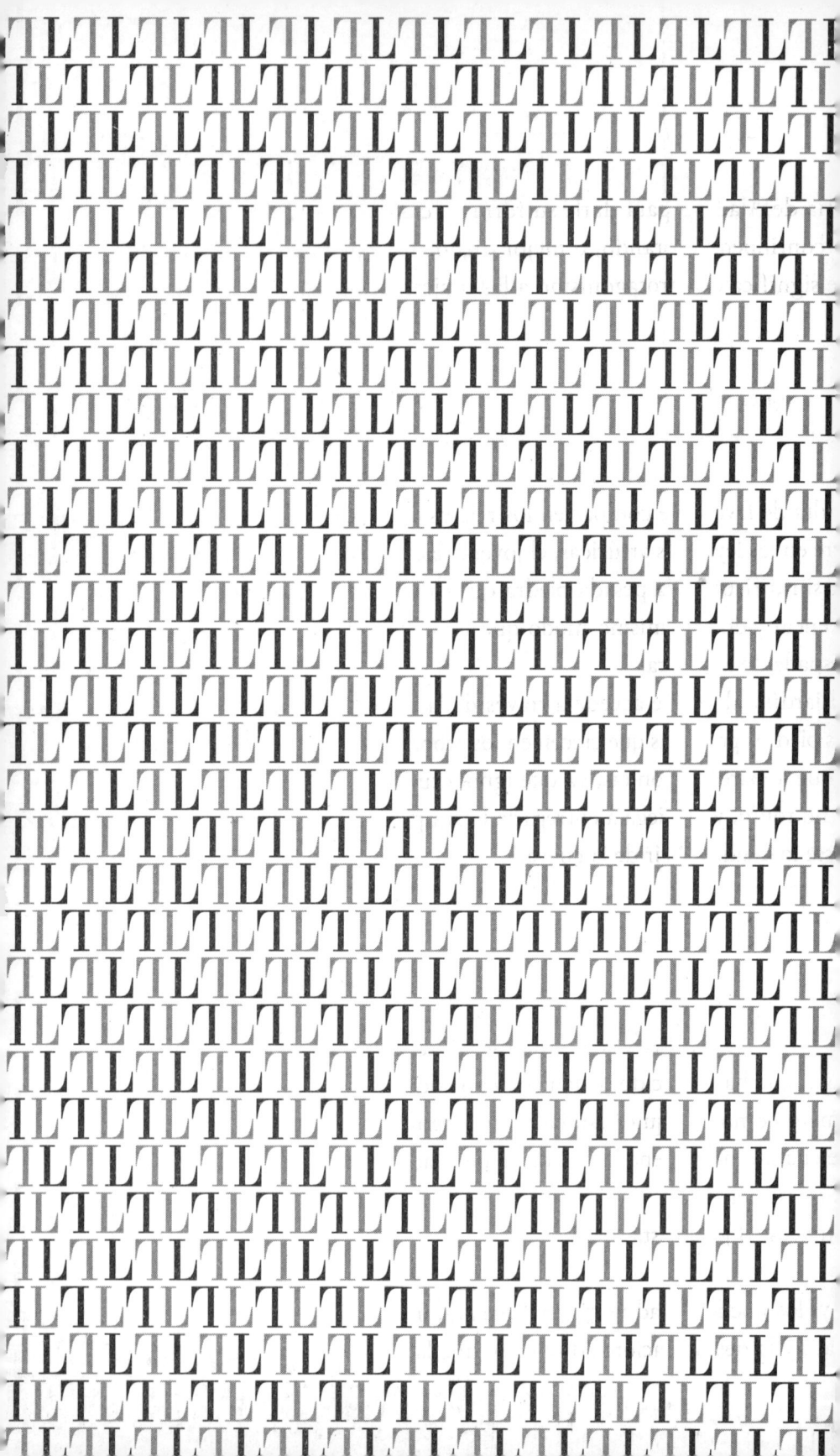